Schauen und Wissen!

Susanne Gugeler

Das Huhn

Kopiervorlagen
für die 2. bis 4. Klasse

Hase und Igel®

Inhalt

Vorwort . . . 3

Kopiervorlagen in zwei Schwierigkeitsstufen

Das Tier aus dem Dschungel . . . 4, 5

Der Körper des Huhns . . . 6, 7

Hören, sehen, tasten . . . 8, 9

Ein nützliches Federkleid . . . 10, 11

Liebstes Hobby: Fressen . . . 12, 13

Familie Huhn . . . 14, 15

Der Chef im Hühnerstall . . . 16, 17

Wie sieht es im Ei aus? . . . 18, 19

Vom Ei zum Küken . . . 20, 21

Nestflüchter oder Nesthocker? . . . 22, 23

Die Feinde der Hühner . . . 24, 25

Wer bekommt den besten Schlafplatz? . . . 26, 27

Dummes Huhn? . . . 28, 29

Woher kommt mein Ei? . . . 30, 31

Hühnerrassen . . . 32, 33

Hühner im eigenen Garten . . . 34, 35

Hühnerdomino . . . 36, 37

Ein Eierbecher aus Karton . . . 38, 39

Redensarten rund ums Huhn . . . 40, 41

Hühnerrätsel . . . 42, 43

Lösungskarten . . . 44–48

www.hase-und-igel.de
Lektorat: Luzie Bischoff
Satz: Appel Grafik München GmbH
Illustrationen: Hendrik Kranenberg,
Ulrike Baier (S. 12 und 44) und Fides Friedeberg (S. 18, 24, 25 und 46)
Coverfoto: © blickwinkel – D. u. M. Sheldon

ISBN 978-3-86316-353-2

Das Huhn wurde bereits vor vielen Tausend Jahren vom Menschen als Nutztier entdeckt. Seitdem hat es eine beispiellose Karriere als Fleisch- und Eierlieferant hingelegt. Hühnerprodukte gehören mittlerweile zu den wichtigsten Lebensmitteln rund um den Globus.

Doch der Status der Hühner hat sich hierzulande geändert. Sie sind vom Massenprodukt zum Freizeittier avanciert. Immer mehr Hobbybauern entdecken ihre Liebe zu Hühnern und gönnen den Vögeln eine tiergerechte Haltung. Sie möchten außerdem sichergehen, dass ihre Eier tatsächlich von „glücklichen" Hühnern stammen. Die Tiere begegnen den Kindern also nicht mehr nur in Form vom Frühstücksei oder Brathähnchen auf dem Teller, sondern womöglich auch quicklebendig in Nachbars – oder sogar im eigenen – Garten.

Die Schüler erfahren im vorliegenden Material viel Wissenswertes über Hühner. Außerdem lernen sie, dass vor der Anschaffung dieser Tiere mehrere Voraussetzungen erfüllt sein müssen.

Die in zwei Schwierigkeitsstufen vorliegenden Kopiervorlagen dieses Bandes sind in **drei Abschnitte** gegliedert:

- Das erste Blatt (Seite 4/5) dient dazu, das **Interesse** an dem Lerngegenstand „Huhn" zu wecken und die Schüler mit den Tieren vertraut zu machen.
- Anschließend geht es vornehmlich um die Erarbeitung und/oder Vertiefung von **Sachwissen**. Auf Seite 36/37 findet sich ein Dominospiel, in dem ergänzende Informationen spielerisch vermittelt werden. Die Themen der Kopiervorlagen sind eng an das Sachbuch „Das Huhn" von Veronika Straaß angebunden. Es liefert kindgerecht aufbereitete Informationen rund um dieses Nutztier, die mit zahlreichen farbigen Fotos illustriert werden. Darüber hinaus bietet das Buch praktische Anregungen zum Forschen und Entdecken. Die Lektüre des Buches ist keine notwendige Voraussetzung zur Bearbeitung der Arbeitsblätter, doch kann es als anschauliche Ergänzung zum vorliegenden Material dienen und zur Recherche herangezogen werden.

- Abgerundet wird der Band durch eine **Bastelarbeit**, ein **Experiment** mit Hühnereiern sowie **sprachliche Anregungen**, die den Kindern Redensarten rund um das Huhn nahebringen. Beim Lösen eines Kreuzworträtsels werden wichtige Begriffe spielerisch verankert.

Die Aufgaben sind so gestaltet, dass die Kinder sie weitgehend selbstständig in Einzelarbeit, mit einem Partner oder in der Gruppe bearbeiten können, Dabei werden verschiedene Lernkanäle (visuell, kognitiv etc.) berücksichtigt. Es ist auch möglich, einen Teil der Kopiervorlagen zu einer Lerntheke oder zum Stationenlernen zusammenzustellen.

Durch die **Zweifachdifferenzierung** des Materials kann eine passgenaue Abstimmung auf das Alters- und Leistungsniveau der Kinder erfolgen. Ein binnendifferenziertes Arbeiten zum gleichen Thema ist so auch in heterogenen Lerngruppen leicht umsetzbar, denn jedes Kind eignet sich auf individuellem Niveau die Lerninhalte entsprechend seinem Vorwissen an. Für welche Niveaustufe die betreffende Seite konzipiert ist, lässt sich auf einen Blick an der Anzahl der Eier erkennen:

Niveaustufe I: Niveaustufe II: 

Die **Lösungskarten** am Ende des Bandes ermöglichen eine Selbstkontrolle der Schülerinnen und Schüler und können von Ihnen am Kopierer vergrößert und ausgeschnitten werden. Finden die Arbeitsblätter beim Stationenlernen Verwendung, lassen sich die Karten in einem verschlossenen Umschlag zur jeweiligen Station legen oder können nach Bearbeitung der Aufgaben direkt bei Ihnen abgeholt werden.

Ich wünsche Ihnen und Ihren Schülern viel Freude und Erfolg bei der intensiven Beschäftigung mit dem „lieben Federvieh".

Susanne Gugeler

Name:	Klasse:	Datum:

Das Tier aus dem Dschungel

1. Lies den Text.

Wenn du an den Dschungel und seine Bewohner denkst, fallen dir wahrscheinlich Affen oder Raubkatzen ein. Aber auch der Vorfahre unseres Huhns, das Bankivahuhn, stammt aus dem Regenwald. Die wilden Vögel sind heute noch in den Urwäldern Asiens zu Hause. Vor etwa 5000 Jahren entdeckten die Menschen die Tiere. Anfangs bewunderten sie nur das schillernde Gefieder der Vögel und schauten zu, wie die Hähne miteinander kämpften. Dann bemerkten die Menschen, dass sich die Hühner gut als Haustiere eignen. Sie stellten fest, dass man sich vom Fleisch und von den Eiern der Tiere ernähren kann. Heute werden überall auf der Welt Hühnerprodukte gegessen.

2. Lies die Fragen. Kreuze die richtige Antwort an.

A Wie heißt der Vorfahre unseres Huhns?

- ☐ Asienhuhn.
- ☐ Bankivahuhn.
- ☐ Bangkokhuhn.

B Wo lebten die ersten wilden Hühner?

- ☐ Im Regenwald.
- ☐ Im Meer.
- ☐ In der Wüste.

C Wann entdeckten die Menschen Hühner als Haustiere?

- ☐ Vor 500 Jahren.
- ☐ Vor 5000 Jahren.
- ☐ Vor 50 000 Jahren.

D Wie wurden die Hühner genutzt?

- ☐ Man hielt sie als Wachtiere.
- ☐ Sie wurden zu Spielgefährten der Kinder.
- ☐ Man aß ihr Fleisch und ihre Eier.

Name:	Klasse:	Datum:

Das Tier aus dem Dschungel

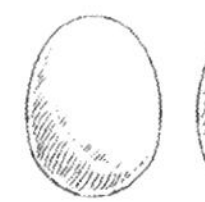

1. Lies den Text.

Wenn du an den Dschungel und seine Bewohner denkst, fallen dir wahrscheinlich zuerst Affen oder Raubkatzen ein. Aber auch der Vorfahre unseres Huhns, das Bankivahuhn, stammt aus dem Regenwald. Die wilden Vögel sind heute noch in den Urwäldern Südostasiens zu Hause. Vor etwa 5000 Jahren entdeckten die Menschen die Hühner. Anfangs waren sie nur fasziniert vom schillernden Gefieder der männlichen Tiere und beobachteten, wie die Hähne miteinander kämpften. Bald bemerkten die Menschen jedoch, dass sich die Hühner auch gut als Haustiere eignen. Sie stellten fest, wie nahrhaft und schmackhaft das Fleisch und die Eier der Vögel sind. Daraufhin begannen sie, die Hühner in ihren Siedlungen zu halten. Mit der Zeit verbreitete sich das Huhn auch auf anderen Kontinenten. Heute werden überall auf der Welt Hühnerprodukte gegessen.

2. Beantworte die Fragen in ganzen Sätzen.

A Wie heißt der Vorfahre unseres Haushuhns und woher stammt er?

____

____

B Vor wie vielen Jahren wurden die Vögel zu Haustieren?

____

____

C Was faszinierte die Menschen an den Hähnen besonders?

____

____

D Wie wurden die Hühner genutzt?

____

____

____

____

Name:	Klasse:	Datum:

Der Körper des Huhns

1. Lies den Text.

Das Huhn hat ein unverwechselbares Aussehen. Auf dem Kopf trägt es einen gezackten roten Hautkamm. Am Hals kann man zwei Kehllappen erkennen. Diese sind meist ebenfalls rötlich. Mit dem Schnabel pickt das Huhn Körner auf oder wühlt in der Erde nach Regenwürmern. Obwohl das Huhn ein Vogel ist, nutzt es seine Flügel nur selten zum Fliegen. Vor Feinden läuft es lieber weg. Doch zum Ausruhen fliegt es gerne auf niedrige Äste von Bäumen oder auf Stangen im Stall. Die Füße nennt man auch Läufe. An ihnen befinden sich normalerweise keine Federn. Sie sind mit Hornschuppen bedeckt. Drei der vier Zehen an jedem Lauf sind nach vorne gerichtet. Eine kleinere Zehe zeigt nach hinten. Alle Zehen haben Krallen, mit denen das Huhn auf dem Boden scharren kann.

2. Beschrifte die Körperteile des Huhns mit den passenden Begriffen. Die unterstrichenen Wörter helfen dir dabei.

Name:	Klasse:	Datum:

Der Körper des Huhns

1. Lies den Text.

Das Huhn hat ein unverwechselbares Aussehen. Auf dem Kopf trägt es einen gezackten roten Hautkamm. Am Hals kann man zwei Kehllappen erkennen. Diese sind meist ebenfalls rötlich. Mit dem Schnabel pickt das Huhn Körner auf oder wühlt in der Erde nach Regenwürmern. Seine Flügel setzt das Tier nur selten zum Fliegen ein. Vor Feinden flüchtet es zu Fuß, zum Beispiel unter einen Busch. Dennoch sind Schlafplätze, die sich über dem Boden befinden, bei Hühnern besonders beliebt. Das kann ein Baum oder eine Stange im Stall sein. Um dorthin zu gelangen, fliegen sie ein kurzes Stück. Die Füße der Hühner nennt man auch Läufe. An ihnen befinden sich keine Federn. Sie sind stattdessen mit Hornschuppen bedeckt. Ein paar Hühnerrassen sind allerdings sogar an dieser Stelle befiedert. Das Huhn hat an jedem Lauf vier Zehen. Drei sind nach vorne gerichtet, eine kleinere Zehe zeigt nach hinten. An allen Zehen befinden sich Krallen, mit denen das Huhn auf dem Boden scharren kann.

2. Beschrifte die Körperteile des Huhns mit den passenden Wörtern aus dem Text.

3. Beantworte die Fragen. Schreibe die Begriffe auf.

A Welche Farbe hat der Kamm des Huhns? ____________________

B Womit pickt das Huhn Körner auf? ____________________

C Wie nennt man die Füße der Hühner? ____________________

D Wie viele Zehen haben Hühner? ____________________

Name:	Klasse:	Datum:

Hören, sehen, tasten

1. Lies die Texte.

Die Augen der Hühner sind nicht nach vorne gerichtet wie bei uns, sondern sitzen seitlich am Kopf. So haben sie ihre Umgebung gut im Blick.

Mit den Füßen nehmen Hühner feinste Erschütterungen wahr. Sie spüren sogar, wenn in der Erde unter ihnen ein Regenwurm kriecht.

Hühner sind kurzsichtig. Sie sehen also nur die Dinge in ihrer Nähe scharf.

Hühner nehmen nicht nur mit den Augen wahr, sondern können auch tasten. Ihr Schnabel ist sehr empfindlich.

Auch das Gehör ist bei Hühnern gut ausgeprägt. Die Ohren sitzen seitlich am Kopf hinter den Augen und sind gut versteckt.

2. Lies die Sätze. Kreuze an.

	stimmt	stimmt nicht
A Die Augen des Huhns sind nach vorne gerichtet.	☐	☐
B Hühner können mit dem Schnabel tasten.	☐	☐
C Mit den Flügeln nehmen sie Erschütterungen wahr.	☐	☐
D Die Ohren der Hühner sitzen deutlich sichtbar oberhalb der Augen.	☐	☐
E Hühner können Dinge in der Nähe besonders gut erkennen.	☐	☐

Name: | Klasse: | Datum:

Hören, sehen, tasten

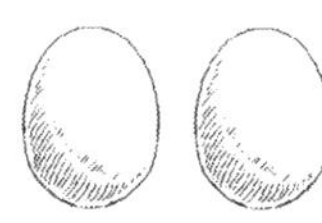

1. Lies die Texte.

Die Augen der Hühner sind nicht nach vorne gerichtet, sondern sitzen seitlich am Kopf. So sehen die Vögel gut, was links und rechts passiert oder ob sich von hinten ein gefährliches Tier anschleicht. Allerdings können sie nur Dinge in ihrer Nähe deutlich erkennen, denn sie sind kurzsichtig.

Mit den Füßen spüren Hühner feinste Erschütterungen. Diese können von einem Regenwurm ausgelöst werden oder von einem sich nähernden Feind.

Hühner nehmen nicht nur mit den Augen wahr, sie haben auch einen guten Tastsinn. Ihr Schnabel ist sehr empfindlich. Mit seiner Spitze können die Tiere fast so gut fühlen wie wir mit den Fingerkuppen.

Auch das Gehör ist bei Hühnern gut ausgeprägt. Die Ohren sitzen seitlich am Kopf hinter den Augen und sind gut versteckt.

2. Lies die Sätze. Kreuze an.

		stimmt	stimmt nicht
A	Die Augen der Hühner sind nach vorne gerichtet.	☐	☐
B	Mit dem Schnabel können Hühner tasten.	☐	☐
C	Hühner sind fast blind.	☐	☐
D	Hühner spüren Bewegungen unter der Erde.	☐	☐
E	Die Ohren von Hühnern sind sehr auffällig.	☐	☐
F	Mit ihren Läufen können die Vögel Feinde wahrnehmen.	☐	☐
G	Das Gehör ist bei Hühnern gut ausgeprägt.	☐	☐
H	Mit den Flügelspitzen können die Hühner genauso gut tasten wie wir Menschen mit den Fingerkuppen.	☐	☐

Name:	Klasse:	Datum:

Ein nützliches Federkleid

1. Lies den Text. Setze immer das richtige Wort in die Lücke.

verlieren   Körper   Flügel   schützen   alten   Farbe   Vögel   Wind

Wie alle ______ haben auch Hühner Federn. Die kleinen und weichen Daunenfedern liegen eng am ______. Sie halten das Huhn warm. Die Konturfedern befinden sich darüber am Körper, an den Flügeln und am Schwanz. Sie ______ die Hühnerhaut vor Nässe und starker Sonne. Die Konturfedern geben dem Huhn seine Gestalt und seine ______. Bei den Hähnen sind die Schwanzfedern oft besonders lang und schillernd. Obwohl sie ______ haben, fliegen Hühner nur selten. Das Gefieder wird durch andere Hühner, ______ und Gestrüpp beschädigt. Einmal im Jahr ______ die Vögel daher nach und nach ihr Federkleid. Die ______ werden dann durch neue Federn ersetzt. Man nennt diesen Vorgang Mauser.

2. Die Konturfeder besteht aus einem Federkiel und einer Federfahne. Male den Kiel und die Fahne in verschiedenen Farben aus.

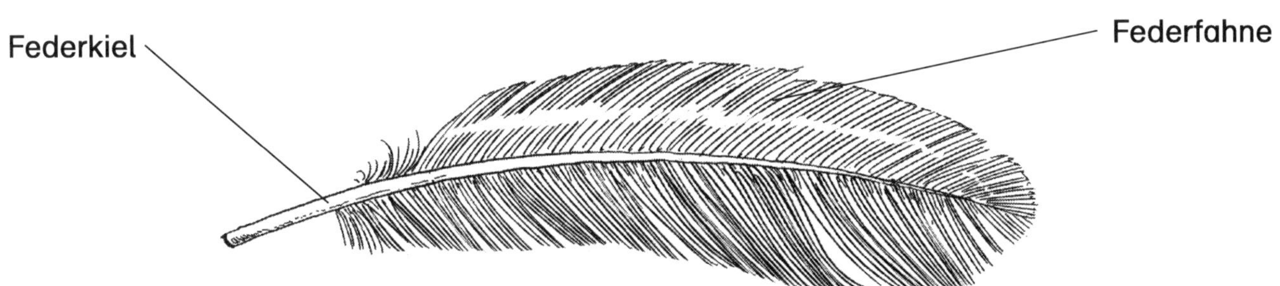

Name:	Klasse:	Datum:

Ein nützliches Federkleid

1. Lies den Text.

Wie alle Vögel haben auch Hühner Federn. Dicht am Körper befinden sich kleine und weiche Daunenfedern. Sie sorgen dafür, dass das Huhn nicht so schnell friert. Über ihnen liegen die Konturfedern. Du kannst sie am Körper, an den Flügeln und am Schwanz entdecken. Durch die Konturfedern erhält das Huhn seine Gestalt und seine Farbe. Bei den Hähnen sind die Schwanzfedern oft besonders lang und schillernd. Zwar dienen die Konturfedern auch zum Fliegen, doch Hühner fliegen im Vergleich zu anderen Vögeln nur selten. Bei Auseinandersetzungen mit Artgenossen oder beim Entlangstreifen an Gestrüpp werden die Federn beschädigt. Einmal im Jahr wechseln die Vögel daher ihr Gefieder. Die alten Konturfedern fallen aus, neue wachsen nach. Diesen Vorgang nennt man Mauser. Jede Konturfeder steckt mit einem Federkiel im Körper. Der längste Teil des Kiels heißt Schaft. Links und rechts vom Schaft befindet sich die Federfahne. Sie besteht aus vielen kleinen Federästen, die wie ein Reißverschluss ineinandergreifen. So bleibt das Federkleid wasserdicht und hält Wind und Sonne ab.

2. Schau dir die Konturfeder an und beschrifte sie. Die unterstrichenen Wörter im Text helfen dir.

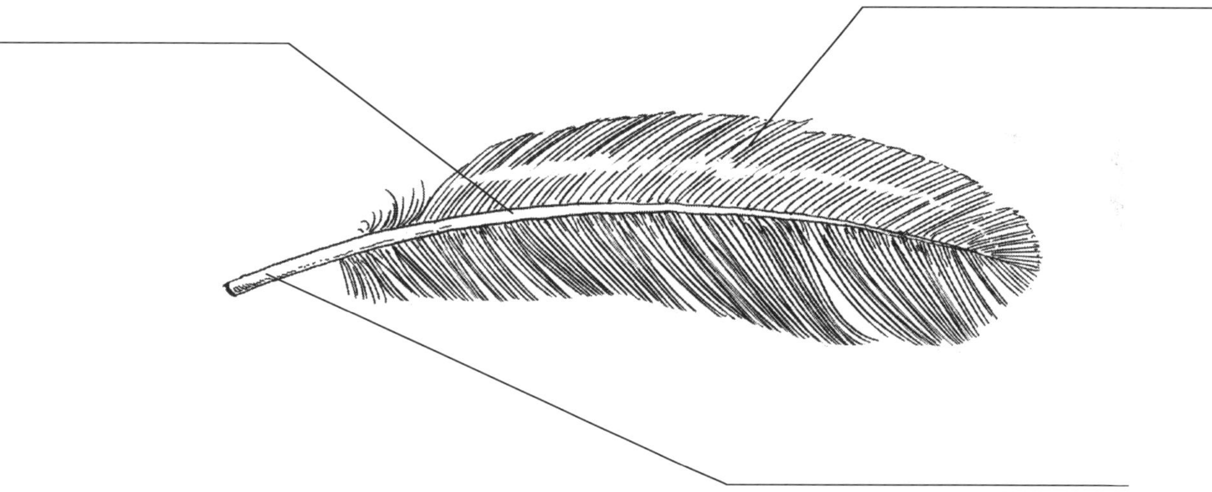

3. Vervollständige die Sätze, indem du die Buchstaben von rechts nach links liest.

Wenn man mit den Fingern die Fahne nach unten streicht, gehen die einzelnen Äste

_______________ (rednaniesua). Streicht man mit den Fingern nach oben,

_______________ (nenhazrev) sich die einzelnen Äste wieder miteinander und

werden dicht.

Name: | Klasse: | Datum:

Liebstes Hobby: Fressen

1. Lies, was das Huhn erzählt.

Ich bin ein Allesfresser. Das bedeutet, dass ich mich von Pflanzensamen und kleinen Blättern, aber auch von Käfern, Raupen und Würmern ernähre. Über frische Essensreste freue ich mich besonders.

Mit meinem Schnabel picke ich Körner auf. Außerdem zerkleinere ich damit größere Brocken. Er hilft mir auch bei der Futtersuche, denn mit ihm kann ich Größe und Form meiner Nahrung „ertasten“.

Orangen und Zitronen vertrage ich überhaupt nicht. Auch Süßigkeiten bekommen mir nicht.

Da ich keine Zähne habe, schlinge ich meine Nahrung hinunter, ohne zu kauen. Um mein Essen zu verdauen, schlucke ich immer wieder Steinchen. Sie helfen mir, größere Brocken in meinem Magen zu zerkleinern.

Mein Geschmacks- und mein Geruchssinn sind nicht besonders gut. Ich achte deshalb darauf, wie mein Essen aussieht. Am liebsten sind mir runde gelbe Körner, die ich mit einem Bissen herunterschlucken kann.

2. Was gehört auf den Speiseplan der Hühner? Male alles gelb an, was Hühner fressen.

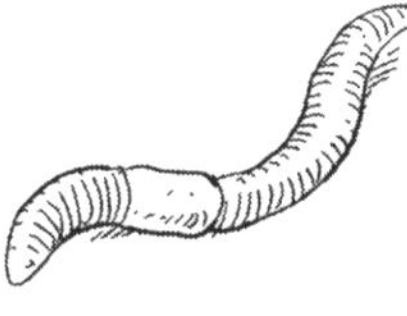

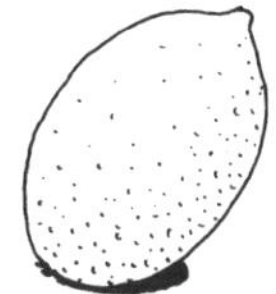

Name:	Klasse:	Datum:

Liebstes Hobby: Fressen

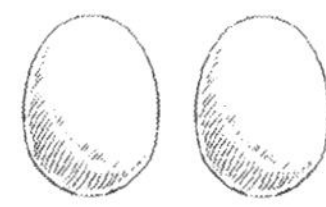

1. Lies, was das Huhn erzählt.

Einen großen Teil des Tages verbringe ich mit Fressen. Ich bin ein Allesfresser. Das bedeutet, dass ich mich von Pflanzensamen und kleinen Blättern, aber auch von Käfern, Raupen und Würmern ernähre. Über frische Essensreste freue ich mich besonders. Was ich überhaupt nicht vertrage, sind Orangen und andere Zitrusfrüchte. Auch Süßigkeiten bekommen mir nicht. Mit meinem Schnabel picke ich Körner auf. Außerdem zerkleinere ich damit größere Futterbrocken. Da ich keine Zähne habe, schlinge ich meine Nahrung hinunter, ohne zu kauen. Um mein Essen zu verdauen, schlucke ich immer wieder Steinchen. Diese unterstützen meine Verdauung, indem sie das Futter im Magen zermalmen. Mein Schnabel dient nicht nur zum Picken, sondern er hilft mir auch bei der Futtersuche. Mit ihm kann ich Größe und Form meiner Nahrung „ertasten“. Mein Geschmacks- und mein Geruchssinn sind jedoch nicht besonders ausgeprägt. Ich achte deshalb darauf, wie mein Essen aussieht. Am liebsten sind mir runde gelbe Körner, die ich als Ganzes herunterschlucken kann.

2. Hühner sind Allesfresser. Was bedeutet das? Schreibe auf.

____

____

3. Wie zerkleinern Hühner ihre Nahrung? Notiere die beiden im Text genannten Beispiele.

____

____

4. Überlege, was du heute gegessen hast. Was davon würde auch einem Huhn schmecken? Schreibe auf.

____

____

Name:	Klasse:	Datum:

Familie Huhn

1. Lies den Text.

Hühner sieht man nur selten allein. Die Tiere fühlen sich in einer kleinen Gruppe am wohlsten. Diese Gruppe nennt man Schar. Sie besteht häufig aus einem männlichen Tier, dem Hahn, und mehreren Weibchen. Die weiblichen Hühner heißen auch Hennen. Unter den Hennen befinden sich manchmal einige Glucken. Das sind Hühner, die in einem Nest gerade Eier ausbrüten oder bereits Küken haben.

2. Welche Begriffe aus dem oberen Text verbergen sich hinter dem Buchstabensalat? Schreibe die richtige Bezeichnung auf.

c a r h S

A ____________

H n h a

B ____________

n H e e n n

C ____________

G u k c l e n

D ____________

r i E e

E ____________

K e k ü n

F ____________

e n h H ü r

G ____________

Name:	Klasse:	Datum:

Familie Huhn

1. Lies den Text.

Ob im eigenen Garten, auf dem Hühnerhof oder in freier Natur – Hühner trifft man selten allein an. Die Tiere fühlen sich in einer kleinen Gruppe am wohlsten. Diese nennt man Schar. Eine Hühnerschar besteht häufig aus einem männlichen Tier, dem Hahn, und mehreren Weibchen. Die weiblichen Hühner heißen auch Hennen. Weibliche und männliche Hühner kann man leicht unterscheiden. Denn der Hahn hat ein viel farbenprächtigeres Gefieder als die Hennen, einen deutlich größeren Hautkamm und längere Schwanzfedern. Unter den Hennen befinden sich manchmal einige Glucken. Das sind Hühner, die entweder in einem Nest gerade Eier ausbrüten oder bereits kleine Küken haben.

2. Vervollständige die Sätze.

A Hühner sieht man selten ________________.

B Zu einer Hühnergruppe gehören meist ein ______________ und mehrere ________________.

C Eine Gruppe von Hühnern nennt man auch ______________.

D Hennen bezeichnet man als Glucken, wenn sie ________________ oder schon kleine ________________ haben.

E Das ________________ der Hähne ist viel farbenprächtiger als das der weiblichen Tiere.

3. Wieso gibt es in einer Hühnerschar meist nur einen Hahn? Sprich mit deinem Partner darüber und schreibe eure Vermutung auf.

____

____

4. Hähne haben ein viel auffälligeres Gefieder als ihre weiblichen Artgenossen. Kennst du noch andere Tiere, bei denen sich das Aussehen von Männchen und Weibchen deutlich unterscheidet? Nenne drei Beispiele.

____

____

Name:	Klasse:	Datum:

Der Chef im Hühnerstall

1. Lies den Text.

Befindet sich ein Hahn in der Hühnerschar, ist er ganz klar der Chef. Er hat aber auch viele wichtige Aufgaben. Das männliche Tier schützt die Hennen vor Eindringlingen und warnt sie mit einem ganz bestimmten Ruf vor Feinden. Der Hahn begattet die Hennen und sorgt so für den Nachwuchs in der Schar. Er hilft der Henne sogar, einen passenden Nistplatz zu finden. Wenn der Hahn Futter entdeckt hat, führt er seine Hennen an die Stelle mit den Leckereien. Und warum kräht der Hahn den lieben langen Tag? Ganz einfach: Er sagt damit allen anderen Männchen, dass sie ihm und seiner Schar bloß nicht zu nahe kommen sollen. Wenn sich doch einmal ein fremder Hahn herantraut, fliegen die Federn. Die beiden Hähne kämpfen so lange, bis klar ist, wer der Stärkere ist.

2. Lies die Sätze. Kreuze die richtigen Aussagen an.

Der Hahn …

- S bewacht die Hennen. ☐
- E kämpft gegen die Hennen. ☐
- C verjagt andere Hähne aus seinem Revier. ☐
- K kräht, um die Weibchen zu beeindrucken. ☐
- H begattet die weiblichen Tiere. ☐
- U hilft Hennen bei der Suche nach einem Nistplatz. ☐
- O brütet die Küken aus. ☐
- T hat in seiner Hühnerschar das Sagen. ☐
- N klaut den anderen Hühnern das Futter. ☐
- Z warnt seine Artgenossen vor Feinden. ☐

3. Die Buchstaben vor den richtigen Antworten ergeben ein Lösungswort. Trage sie ein. Was bietet der Hahn seinen Hennen?

Name:	Klasse:	Datum:

Der Chef im Hühnerstall

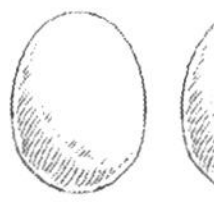 

1. Lies den Text.

Befindet sich ein Hahn in der Hühnerschar, ist er der Chef. Er hat das Sagen, aber auch viele wichtige Aufgaben. Das männliche Tier schützt die Hennen vor Eindringlingen und warnt sie mit einem ganz bestimmten Ruf vor Feinden. Der Hahn begattet die Hennen und sorgt so für den Nachwuchs in seiner Hühnerschar. Er hilft der Henne sogar, einen passenden Nistplatz für die heranwachsenden Küken zu finden. Wenn der Hahn Futter entdeckt hat, führt er seine Hennen an die Stelle mit den Leckereien und überlässt ihnen großzügig die besten Bissen. Schließlich soll es seinen Hühnern gut gehen. Gibt es Streit zwischen den Hennen, sorgt der Hahn für Ordnung und stellt den Frieden wieder her. Allerdings dulden die meisten Hähne keine anderen Männchen in ihrer Schar. Deshalb kräht der Hahn auch ständig. Damit sagt er allen Konkurrenten, dass sie ihm und seinen Hennen bloß nicht zu nahe kommen sollen. Am liebsten stellt er sich zum Krähen übrigens auf einen erhöhten Platz, damit man ihn gut sehen kann. Wenn sich doch einmal ein fremder Hahn herantraut, fliegen die Federn. Die beiden Hähne kämpfen so lange, bis klar ist, wer der Stärkere ist. Der Besiegte macht sich dann schnell davon und muss sich eine andere Hühnerschar suchen.

2. Lies den Text. Streiche die falschen Begriffe durch.

Ein Hahn erfüllt [kaum | viele] wichtige Aufgaben in einer Hühnerschar. Er bewacht die [Menschen | Hennen] vor Feinden. Dafür stößt der Hahn einen ganz bestimmten [Warnruf | Lockruf] aus. Außerdem [begattet | beißt] er die Hennen und sorgt so für den Nachwuchs. Das Männchen hilft den anderen Hühnern bei der Futtersuche und überlässt ihnen die [besten | schlechtesten] Bissen. Gibt es einmal Streit zwischen zwei Hennen, greift der Hahn ein und stiftet [Unruhe | Frieden]. Mit seinem durchdringenden Ruf will der Hahn andere Männchen [fernhalten | anlocken].

3. Wann ist es von Vorteil, einen Hahn zu halten, wann ist es eher hinderlich? Schreibe deine Vermutungen auf.

____

____

____

____

Name:	Klasse:	Datum:

Wie sieht es im Ei aus?

1. Lies den Text.

Zum Kochen oder Backen verwendet man oft Eier. Wenn du eines aufschlägst, entdeckst du, wie es im Innern aussieht. Als Erstes fällt der gelbliche Dotter auf. Außen herum befindet sich das Eiweiß. Manchmal kann man die Hagelschnur erkennen. Sie sorgt dafür, dass der Dotter in der Mitte des Eis schwimmt. In der leeren Eierschale siehst du die dünne Schalenhaut. Sie schützt zusammen mit der dickeren äußeren Schale Dotter und Eiweiß. Am unteren Ende des Eis befindet sich eine Luftkammer. Bei einem frisch gelegten Ei ist sie noch klein. Je älter das Ei, desto größer ist die Kammer. Kurz bevor ein Küken schlüpft, nimmt es daraus seinen ersten Atemzug.

2. Beschrifte das Ei. Die Wörter helfen dir dabei.

Dotter | Eiweiß | Hagelschnur | Schale | Luftkammer | Schalenhaut

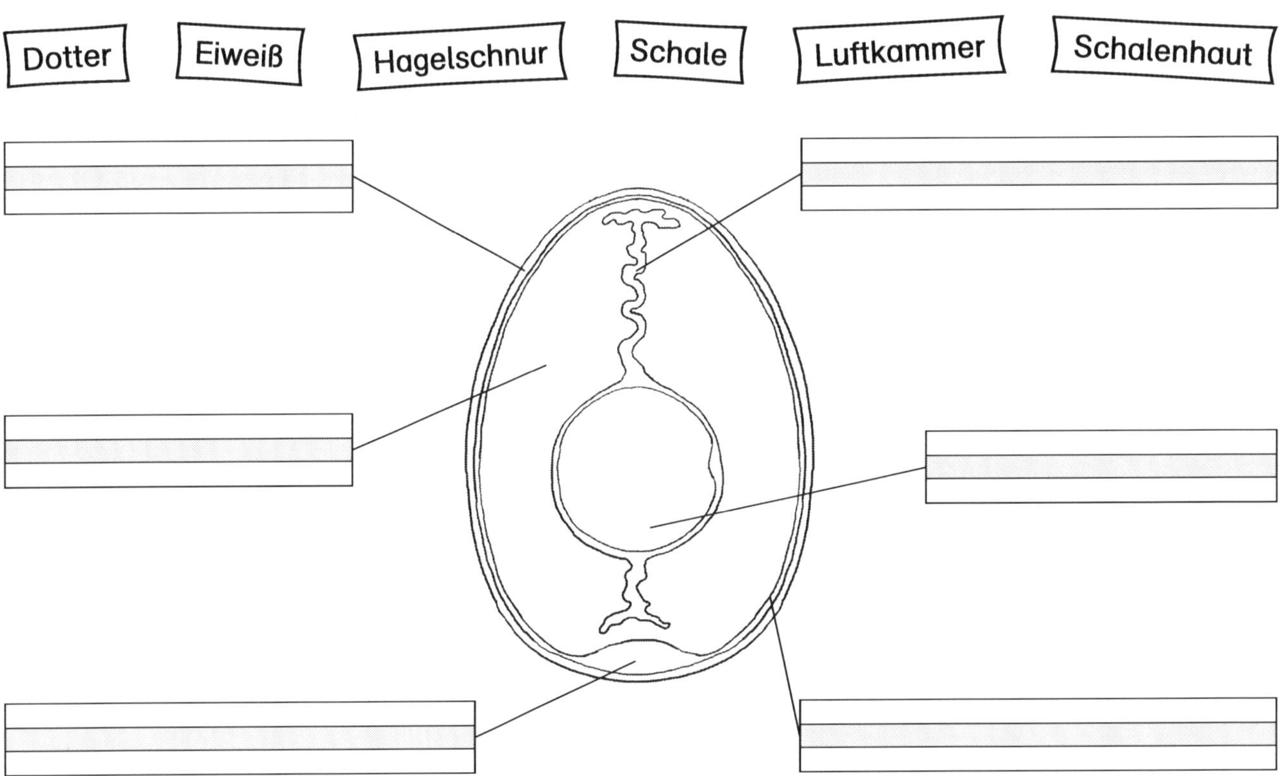

3. Lege ein Ei in ein mit Wasser gefülltes Glas. Ist das Ei erst wenige Wochen alt, liegt es auf dem Boden des Glases. Wenn das Ei oben schwimmt, ist es nicht mehr frisch und du solltest es nicht essen. Zeichne dein Ei in das Glas ein.

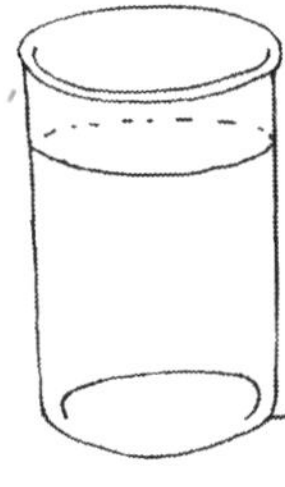

Name:	Klasse:	Datum:

Wie sieht es im Ei aus?

1. Lies den Text.

Zum Kochen oder Backen verwendet man oft Eier. Wenn du ein Ei aufschlägst, kannst du erkennen, wie es im Innern aussieht. Als Erstes fällt der gelblich-orange Dotter, also das Eigelb auf. Wenn das Ei befruchtet ist, ernährt sich das Küken im Ei von diesem Dotter, bis es schlüpft. Außen herum befindet sich das Eiweiß oder Eiklar. Manchmal kann man die Hagelschnur erkennen. Sie führt von beiden Enden des Eis zum Dotter und hält ihn so in der Mitte. In den leeren Eierschalenhälften siehst du die dünne Schalenhaut. Sie schützt Dotter und Eiweiß zusätzlich zur dickeren äußeren Schale. Wenn du eine Eierschale gegen das Licht hältst, siehst du viele kleine Poren. Das sind Luftlöcher, die das Ei mit Sauerstoff versorgen, wenn sich darin ein Küken entwickelt. Am unteren Ende des Eis befindet sich die Luftkammer. Bei einem frisch gelegten Ei ist sie noch klein, bei einem älteren Ei hat sie sich ausgeweitet. Kurz bevor das Küken schlüpft, nimmt es aus dieser Kammer seinen ersten Atemzug.

2. Beschrifte das Ei.

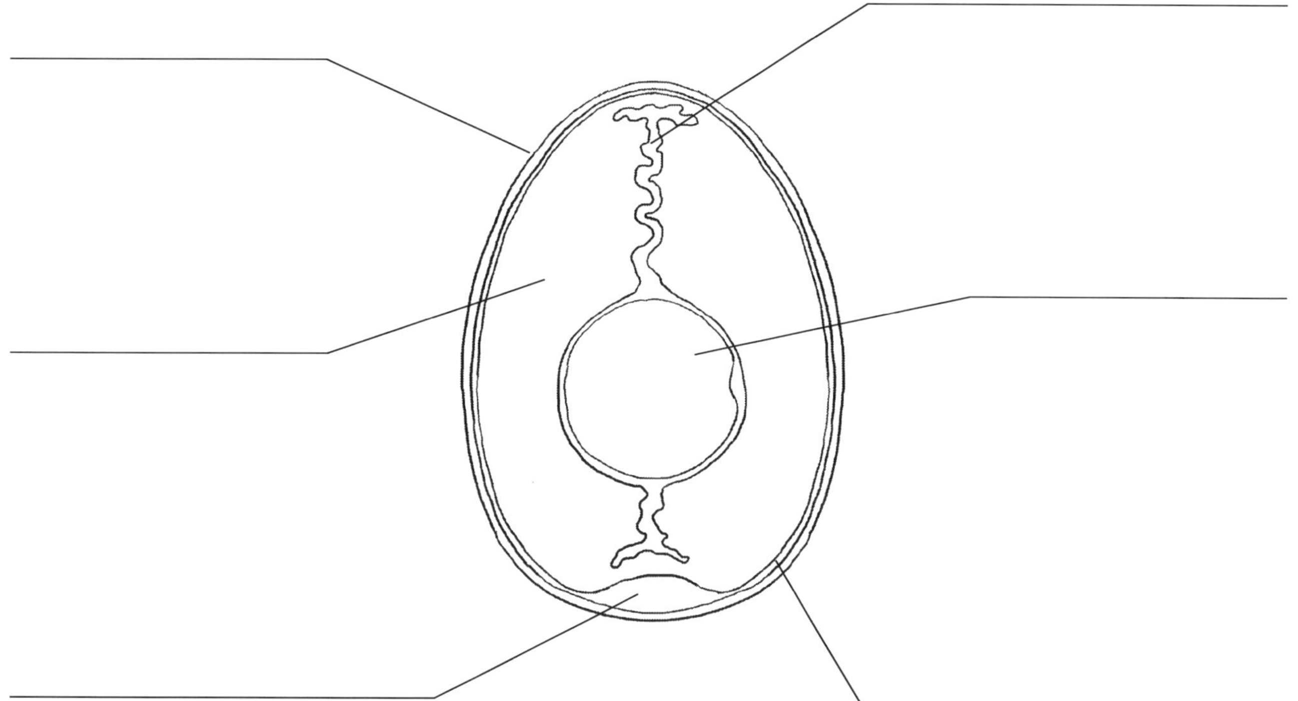

3. Lege ein älteres und ein frisches Ei nacheinander in ein mit Wasser gefülltes Glas. Erkennst du einen Unterschied? Schreibe deine Beobachtungen auf.

Name:	Klasse:	Datum:

Vom Ei zum Küken

Nur die unbefruchteten Eier können gegessen werden. In befruchteten Eiern wachsen Küken heran – und das in nur drei Wochen.

Wie entwickelt sich das Küken im Ei? Schneide die Texte aus. Klebe sie in der richtigen Reihenfolge auf. Beginne mit der Befruchtung des Eis.

Befruchtung

Tag 1

Tag 2

Tag 10

Tag 20

Tag 21

✂

Jetzt sieht das Wesen im Ei bereits wie ein Vogel aus. Es hat zwei Beine, zwei Flügel und einen Schnabel.	Hat die Henne mehrere Eier gelegt, beginnt sie zu brüten.	Im Ei beginnt das winzige Herz zu schlagen.
Durch Piepsen verständigen sich die Küken untereinander. Erst wenn alle bereit sind, heben sie ihren Schalendeckel ab und schlüpfen.	Mit dem Eizahn, einer kleinen Erhebung auf der Schnabeloberseite, pickt das Küken kleine Löcher in die Schale. Eine Art Deckel entsteht.	Henne und Hahn paaren sich. Danach legt die Henne das befruchtete Ei in ein Nest oder eine Erdmulde.

Name:	Klasse:	Datum:

Vom Ei zum Küken

1. Lies den Text.

Nur die unbefruchteten Eier können gegessen werden. Aus befruchteten Eiern entwickeln sich Küken. Vierundzwanzig Stunden, nachdem sich Henne und Hahn gepaart haben, legt die Henne ein Ei – am liebsten in ein Nest oder eine Erdmulde. Wenn sich alle befruchteten Eier im Nest befinden, beginnt die Henne zu brüten. In jedem Ei wächst nun ein Embryo heran. So nennt man Lebewesen, die sich in Eiern oder im Körper der Mutter entwickeln. Am zweiten Tag des Brütens beginnt das Herz zu schlagen. Nach zehn Tagen sieht der Embryo bereits aus wie ein Vogel. Er hat zwei Beine, zwei Flügel und einen Schnabel. Weitere zehn Tage später kommt der Eizahn zum Einsatz. Er befindet sich oben auf dem Schnabel. Wenn nun das Küken damit gegen die Eiwand drückt, bildet sich ein kleines Loch in der Schale. Der Vogel dreht sich einmal im Kreis und pickt so eine Art Deckel in die Eischale. Nach 21 Tagen kann das kleine Huhn diesen Schalendeckel abheben und erblickt das Licht der Welt. Die Küken sprechen sich durch kleine Piepslaute miteinander ab, damit alle gleichzeitig schlüpfen. Die Hilfe der Glucke benötigen sie dafür nicht.

2. Beantworte die Fragen in ganzen Sätzen.

A Wo platziert die Henne ihre Eier am liebsten?

____

____

B Nach wie vielen Tagen kann man Beine, Flügel und Schnabel erkennen?

____

____

C Womit hackt das ungeborene Huhn ein Loch in die Schale?

____

____

____

D Wie viele Wochen dauert es, bis ein Küken schlüpft?

____

____

Name:	Klasse:	Datum:

Nestflüchter oder Nesthocker?

1. Lies den Text.

Frisch geschlüpfte Küken sehen ganz nass aus. Doch schon bald trocknen die Daunenfedern und wärmen ihren Körper. Das müssen sie auch, denn Hühnerküken verlassen bereits wenige Stunden nach dem Schlüpfen das Nest. Nachdem die Glucke ihnen gezeigt hat, wo sie Fressen finden, ernähren sie sich selbstständig. Man nennt sie daher Nestflüchter. Die Jungen anderer Vögel wie der Amsel sind am Beginn ihres Lebens sehr hilflos und müssen von den Eltern längere Zeit versorgt werden. Sie können sich ihre Nahrung nicht selbst suchen und werden gefüttert. Außerdem müssen sie das Fliegen erst lernen. Solche Vögel nennt man Nesthocker. Sie verlassen erst nach mehreren Wochen das Nest.

2. Welche Aussage passt zu einem Nestflüchter, welche zu einem Nesthocker? Verbinde.

Wir können von Anfang an selbst unser Futter suchen. •

Wir verlassen wenige Stunden nach dem Schlüpfen das Nest. •

Wir müssen das Fliegen erst lernen. •

Wir können bereits kurz nach dem Schlüpfen laufen und fliegen. •

Wir bleiben etwa zwei Wochen im Nest. •

Wir werden mehrere Wochen von unseren Eltern gefüttert. •

• 

Nestflüchter

• 

Nesthocker

Name:	Klasse:	Datum:

Nestflüchter oder Nesthocker?

1. Lies den Text.

Frisch geschlüpfte Hühner sind noch ganz nass. Doch schon bald trocknen die Daunenfedern und wärmen ihren Körper. Das müssen sie auch, denn Hühnerküken verlassen schon wenige Stunden nach dem Schlüpfen das schützende warme Nest. Nachdem die Glucke ihnen gezeigt hat, wo sie Fressen finden, ernähren sie sich eigenständig. Hühnerküken sind Nestflüchter. Man nennt sie so, weil sie gleich nach dem Schlüpfen ihr Nest verlassen. Neben den Hühnern gehören auch Enten zu den Tieren, die von Anfang an selbstständig sind. Doch es gibt Vögel, die am Beginn ihres Lebens viel Hilfe brauchen und längere Zeit von den Eltern versorgt werden müssen. Sie bleiben mehrere Wochen in ihrem Nest. Außerdem müssen sie das Fliegen erst lernen. Diese Vögel nennt man Nesthocker oder Nestlinge. Das trifft zum Beispiel auf Weißstörche und Amseln zu.

2. Nestflüchter oder Nesthocker? Kreuze an.

		Nestflüchter	Nesthocker
A	Junge Weißstörche werden von beiden Eltern mehrere Wochen lang gefüttert.	☐	☐
B	Frisch geschlüpfte Meisen sind noch ganz nackt.	☐	☐
C	Rebhühner brüten auf dem Boden. Ihre Jungen können vor Feinden flüchten.	☐	☐
D	Hühnerküken verlassen gleich nach dem Schlüpfen das Nest.	☐	☐
E	Junge Amseln müssen das Fliegen erst lernen.	☐	☐
F	Entenküken können nach dem Schlüpfen direkt losschwimmen.	☐	☐
G	Spatzen brüten auf dem Baum. So sind ihre hilflosen Jungen gut geschützt.	☐	☐
H	Gänseküken haben nach dem Schlüpfen schon Federn.	☐	☐

3. Wem ist der Mensch ähnlicher – Nestflüchtern oder Nesthockern? Sprich mit deinem Partner darüber und schreibe eure Vermutung auf.

____

____

Name:	Klasse:	Datum:

Die Feinde der Hühner

Es gibt verschiedene Tiere, die den Hühnern gefährlich werden können. Passt kein Hahn auf die Hühnerschar auf, wird es besonders heikel für die Hennen und Küken.

Schneide die Karten aus. Ordne die Texte den passenden Bildern zu. Klebe die Karten in dein Heft.

✂

 Fuchs	Ich bin klein, flink und kann ausgezeichnet klettern. In den Stall oder das Gehege gelange ich schon durch kleine Löcher. Trotz meiner geringen Größe kann ich ein Huhn mit einem gezielten Biss töten.
Kleine herumflatternde Küken wecken meinen Jagdtrieb. Dann schleiche ich mich an, mache einen großen Satz und packe die winzigen Vögel. Oft spiele ich noch mit meiner Beute, bevor ich sie fresse.	 Marder
 Habicht	Mit meinem rötlichen Fell bin ich sehr auffällig. Ich jage besonders gerne Hühner und auch kleinere Tiere. Um ins Gehege zu gelangen, buddele ich ein Loch unter dem Zaun, durch das ich hindurchschlüpfen kann.
Ich greife aus der Luft an. Zuerst beobachte ich meine Beute. Dann stürze ich mich auf sie herab und packe sie mit meinen kräftigen Krallen. Dabei mache ich auch vor ausgewachsenen Hühnern nicht halt.	 Katze

Name: | Klasse: | Datum:

Die Feinde der Hühner

1. Lies den Text.

Verschiedene Tiere können den Hühnern gefährlich werden. Passt kein Hahn auf die Hühnerschar auf, wird es besonders heikel für die Hennen und Küken. Wenn der Auslauf für Hühner oben nicht geschlossen ist und es keine Versteckmöglichkeiten gibt, ist es für einen Greifvogel wie den Habicht ein Leichtes, eine Henne zu erbeuten. Er geht tagsüber auf die Jagd, stürzt sich aus der Luft auf die Tiere und packt sie mit seinen Krallen. Doch auch auf dem Boden sind Hühner nicht vor Feinden sicher. Das Graben gehört zum natürlichen Verhalten der nachtaktiven Füchse. Sie buddeln sich unter dem Zaun ein Loch und gelangen so ins Gehege. Marder tauchen ebenfalls nachts auf. Sie sind flink und ausgezeichnete Kletterer. Die kleinen Raubtiere springen gerne von Bäumen ins Gehege. Dort töten sie die Vögel mit einem gezielten Biss in den Hals. Bei Katzen wird manchmal der Jagdtrieb ausgelöst, wenn ein Küken vor ihnen über die Wiese flüchtet. Dann schleichen sie sich an, machen einen großen Satz und schnappen sich die winzigen Vögel. Danach spielen sie noch ein wenig mit ihrer Beute, bevor sie sie fressen.

2. Schreibe zu jedem Fressfeind einen kurzen Steckbrief.

Name: ______________________

Um diese Zeit jage ich: ______________________

So greife ich an: ______________________

____

____

Name: ______________________

Um diese Zeit jage ich: ______________________

So greife ich an: ______________________

____

____

Name: ______________________

Um diese Zeit jage ich: ______________________

So greife ich an: ______________________

____

____

Name: ______________________

Um diese Zeit jage ich: ______________________

So greife ich an: ______________________

____

____

Name:	Klasse:	Datum:

Wer bekommt den besten Schlafplatz?

1. Lies den Text.

Hühner leben gerne in einer Gruppe zusammen. Doch dort geht es nicht immer friedlich zu. Die Tiere hacken mit dem Schnabel nach ihren Artgenossen oder scheuchen sie. Sie legen damit fest, wer den besten Schlafplatz ganz oben bekommt und wer zuerst an den Futtertrog darf. Das fängt schon bei den Küken an. Man nennt dieses Verhalten Hackordnung. Kommt ein neues Huhn in die Schar, ist nicht gleich klar, welchen Platz es einnimmt. Häufig muss es sich erst einmal mit einem niedrigen Rang in der Gruppe zufriedengeben. Ältere Hennen stehen in der Hackordnung meist weiter oben als jüngere Tiere. Befindet sich ein Hahn in der Gruppe, steht er an der Spitze der Hühnerschar.

2. Schneide die Bilder aus. Klebe sie in der richtigen Rangfolge auf die Hühnerstange.

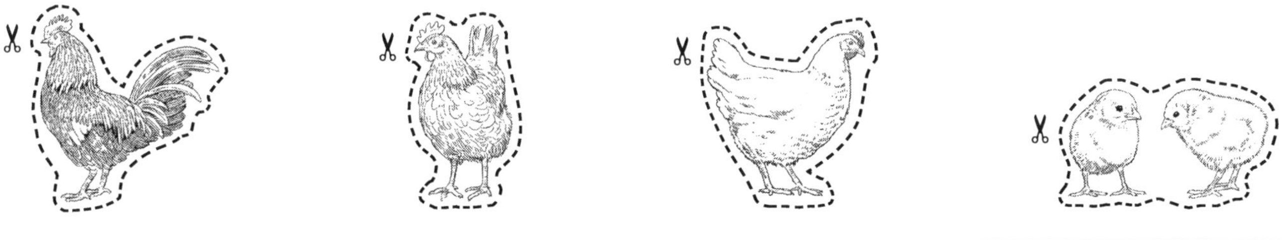

Name:	Klasse:	Datum:

Wer bekommt den besten Schlafplatz?

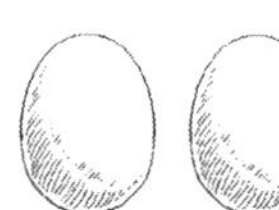

1. Lies den Text.

Hühner leben zwar gerne in einer Gruppe zusammen, doch dort geht es nicht immer friedlich zu. Schon die Küken fangen bald nach dem Schlüpfen an, ihre Geschwister zu scheuchen oder mit dem Schnabel zu hacken. Dann zeigt sich, welches der Küken stärker ist. Durch dieses Verhalten legen die jungen Hühner ihren Platz in der Gruppe fest. Diese sogenannte Hackordnung bestimmt zum Beispiel, wer den besten, also höchsten, Schlafplatz bekommt oder wer bevorzugt an den Futtertrog darf. Meist stehen die älteren Hühner in der Hackordnung über den jüngeren, weil sie stärker und erfahrener sind. Kommt ein neues Huhn in die Gruppe, muss es sich dort seinen Platz erkämpfen und sich häufig erst einmal mit einem niedrigen Rang zufriedengeben. Befindet sich ein Hahn in der Schar, nimmt er die oberste Stelle ein.

2. Kreuze das passende Satzende an. Wenn deine Antworten stimmen, ergeben die Buchstaben von oben nach unten ein Lösungswort.

A Auf dem höchsten Platz im Hühnerstall sitzt …

- ☐ die brütende Henne. **(A)**
- ☐ der Hahn. **(R)**
- ☐ das jüngste Tier. **(H)**

B Wenn ein erwachsenes Huhn in eine fremde Gruppe gebracht wird, …

- ☐ landet es zuerst einmal auf der rangniedrigsten Stelle. **(A)**
- ☐ ist es sofort der „Boss“ in der Gruppe. **(B)**
- ☐ geht es auf alle anderen Hühner los. **(P)**

C Die Kämpfe um den besten Platz …

- ☐ finden nur zwischen ausgewachsenen Hennen statt. **(O)**
- ☐ trägt die Glucke für ihre Küken aus. **(A)**
- ☐ beginnen bereits bei den kleinen Küken. **(N)**

D Den Kampf um den besseren Platz entscheidet das Huhn, das …

- ☐ stärker und erfahrener ist. **(G)**
- ☐ sich schneller verstecken kann. **(L)**
- ☐ zurückhaltender ist. **(E)**

Die Hühner einer Schar kämpfen um den besten ☐☐☐☐.

Name:	Klasse:	Datum:

Dummes Huhn?

Hühner laufen den ganzen Tag herum, gackern und scharren im Boden. Die können ja nicht viel im Kopf haben. Oder doch? Die Vögel sind viel schlauer, als man denkt.

1. Lies die Zettel genau. Eine Geschichte ist falsch.

A Wusstest du, dass ...
Hühner sehr sprachbegabt sind? Die Tiere beherrschen fast dreißig verschiedene Laute. Mit Warn-, Gluck- oder Locklauten führen sie richtige Unterhaltungen mit anderen Hühnern. Manchmal legen sie sich auch gegenseitig rein. Will ein Hahn zum Beispiel eine Henne anlocken, gibt er einen Ruf von sich, der „Futter gefunden!" bedeutet, obwohl das nicht stimmt.

B Wusstest du, dass ...
Hühner sehr geduldig sein können, wenn es ums Fressen geht? Versuchsreihen mit Futter haben nämlich gezeigt, dass ein Huhn aus Erfahrung lernt. Wenn es vor die Wahl gestellt wird, sofort einen kleinen Snack zu essen oder etwas später ein viel schmackhafteres Gericht wie zum Beispiel einen Regenwurm zu bekommen, entscheidet es sich häufig für seine Lieblingsspeise und wartet ab. Es ist also nicht nur schlau, sondern kann sich auch sehr gut beherrschen.

C Wusstest du, dass ...
Hähne ein sehr gutes Zeitgefühl haben und immer nur zur vollen Stunde krähen? Die Uhrzeit erkennen sie anhand des Sonnenstandes. Mit ihrem Ruf wollen sie dem Hühnerbesitzer zeigen, wann es Zeit für die nächste Fütterung ist. Das ist auch für den Bauern sehr praktisch. Wenn die Sonne untergeht, hören die Hähne auf zu krähen und gehen zum Schlafen in den Stall.

2. Überlege mit einem Partner: Welche Geschichte stimmt nicht? Was genau ist daran falsch?

Name: | Klasse: | Datum:

Dummes Huhn?

Hühner laufen den ganzen Tag herum, gackern und scharren im Boden. Die können ja nicht viel im Kopf haben. Doch das Gegenteil ist der Fall: Die Vögel sind sogar sehr intelligent.

1. Lies die Zettel genau. Eine Geschichte ist falsch.

A Wusstest du, dass ...
Hühner sehr sprachbegabt sind? Die Tiere beherrschen fast dreißig verschiedene Laute und führen richtige Unterhaltungen mit ihren Artgenossen. Manchmal trick-sen sie andere Tiere auch aus. Will ein Hahn zum Beispiel eine Henne an-locken, gibt er einen Laut von sich, der „Futter gefunden!" bedeutet, obwohl dies gar nicht stimmt.

B Wusstest du, dass ...
Hühner sehr geduldig sein können, wenn es ums Fressen geht? Versuchsreihen mit Futter haben nämlich gezeigt, dass ein Huhn aus Erfahrung lernt. Wenn es vor die Wahl gestellt wird, sofort einen kleinen Snack zu essen oder etwas später ein viel schmackhafteres Gericht wie zum Beispiel einen Regenwurm zu bekommen, entscheidet es sich häufig für seine Lieblingsspeise und wartet ab. Es ist also nicht nur schlau, sondern kann sich auch sehr gut beherrschen.

C Wusstest du, dass ...
Hähne ein sehr gutes Zeitgefühl haben und immer nur zur vollen Stunde krähen? Die Uhrzeit erkennen sie anhand des Sonnenstandes. Mit ihrem Ruf signa-lisieren sie dem Hühnerbesitzer, wann es Zeit für die nächste Fütterung ist. Wenn die Sonne untergeht, hören die Hähne auf zu krähen und beginnen erst am nächsten Morgen wieder.

D Wusstest du, dass ...
ein Huhn sich viele Kleinigkeiten einprägt? So kann es zum Beispiel bis zu hundert Artgenossen voneinander unterscheiden. Es merkt sich Aussehen, Körperhaltung und die Stimme der anderen Hühner und weiß dadurch immer ganz genau, wer vor ihm steht oder nach ihm ruft.

2. Welche Geschichte stimmt nicht? Was genau ist daran falsch? Schreibe auf.

___

___

___

Name:	Klasse:	Datum:

Woher kommt mein Ei?

Auf die Eier, die man im Laden kauft, sind Buchstaben und Zahlen gestempelt. Sie geben darüber Auskunft, wo und wie die Hühner, von denen die Eier stammen, gehalten werden. Die erste Zahl steht für die Haltungsform.

1. Welcher Text führt zu welchem Ei? Fahre die Linien farbig nach.

1	2	3
0 steht für ökologische Haltung. Das bedeutet, die Tiere haben viel Auslauf an der frischen Luft und einen schützenden Stall.	Mit einer 1 wird die Freilandhaltung gekennzeichnet. Die ist fast so gut wie die ökologische Haltung. Allerdings haben die Hühner hier weniger Platz.	2 bedeutet Bodenhaltung. Die Hühner leben in einer Halle und dürfen nicht nach draußen. Bei dieser Haltung gibt es häufig Streit unter den Tieren.

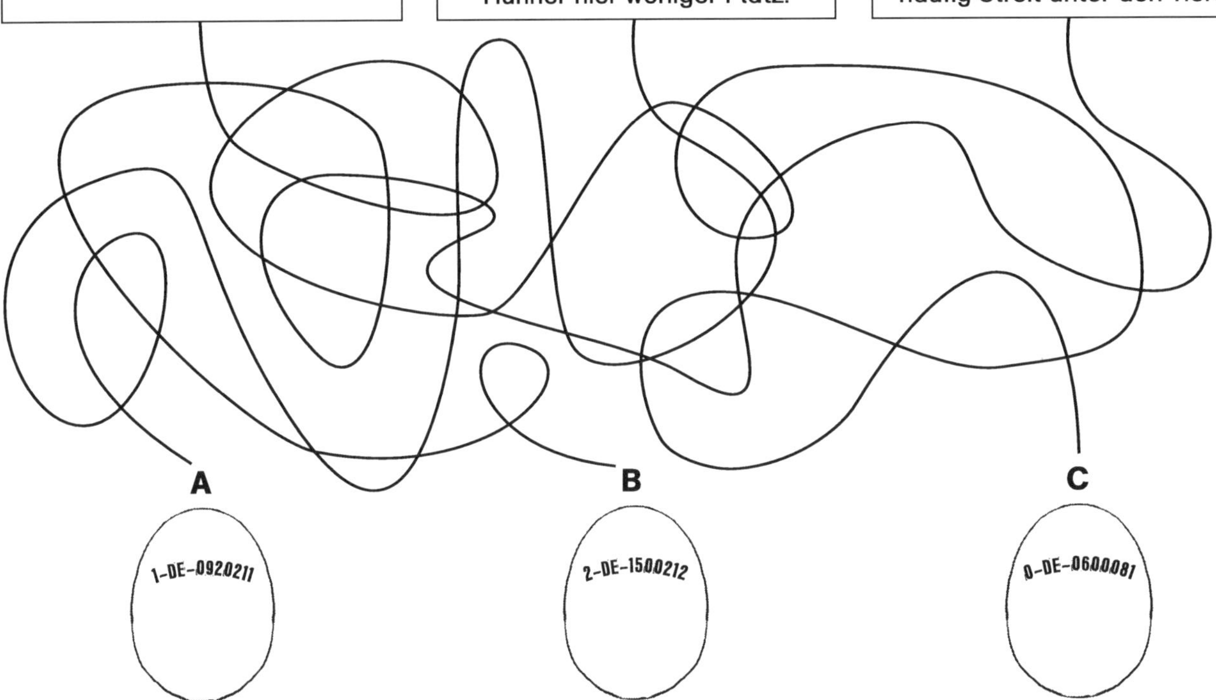

2. Lies die Buchstaben von rechts nach links und fülle die Lücken im Text.

Die Buchstaben, die hinter der Haltungsform stehen, zeigen an, aus welchem Land das Ei stammt. DE steht für ______________ (dnalhcstueD).

Die lange Zahl hinter den Buchstaben bezeichnet den ______________ (beirteB).

Mithilfe dieser Nummer kannst du herausfinden, wo genau das Huhn gehalten wird.

3. Schau nach, welche Bezeichnungen auf den Eiern stehen, die ihr zu Hause esst.

Name:	Klasse:	Datum:

Woher kommt mein Ei?

1. Lies den Text.

Auf die Eier, die man im Laden kauft, sind Buchstaben und Zahlen gestempelt. Sie geben darüber Auskunft, wo und wie die Hühner, von denen die Eier stammen, gehalten werden. Die erste Ziffer steht für die Haltungsform. 0 bedeutet ökologische Haltung. Die Tiere haben viel Platz, können ins Freie und haben einen schützenden Stall. Die Freilandhaltung wird mit einer 1 gekennzeichnet. Diese Haltungsform ist fast so gut wie die ökologische Haltung. Allerdings haben die Hühner weniger Platz. Eine 2 bedeutet Bodenhaltung. Die Hühner leben in einer Halle und dürfen nicht nach draußen. Bei dieser Haltung gibt es häufig Streit unter den Tieren und es kommt zu Verletzungen. Die Buchstaben stehen für das Land, aus dem das Ei stammt. Die lange Zahl hinter den Buchstaben ist die Kennziffer für den Produktionsbetrieb. Mit dieser Nummer kannst du herausfinden, in welchem Bundesland und in welchem Betrieb das Huhn gehalten wird.

2. Zeichne Pfeile von den Begriffen zu den richtigen Bestandteilen des Stempelaufdrucks.

Herkunftsland | Betriebsnummer | Haltungsform

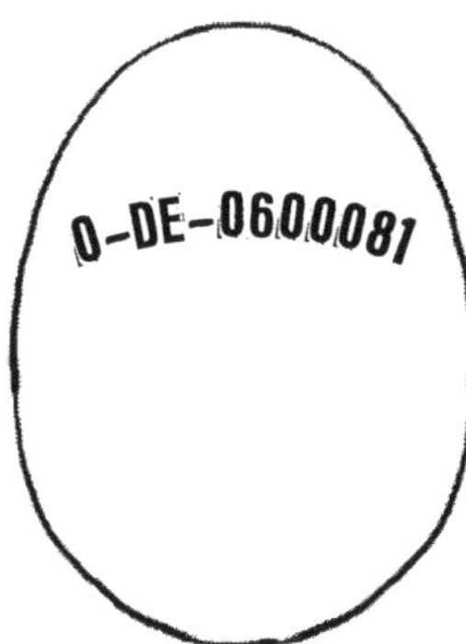

3. Aus welchem Land und welcher Haltung stammt das abgebildete Ei? Schreibe auf.

Haltungsform: ____________________

Herkunftsland: ____________________

4. Woher kommen die Eier, die ihr zu Hause esst? Findest du auch den Betrieb heraus? Schreibe auf.

____

____

Name:	Klasse:	Datum:

Hühnerrassen

1. Lies den Brief.

Lieber Opa,

letzte Woche waren wir mit unserer Klasse auf einem Hühnerhof. Dort leben ganz viele Hennen zusammen. Und ein paar Hähne gibt es auch. Die Tiere haben einen geräumigen Stall mit Hühnerstangen und Legenestern. Direkt neben dem Stall ist eine große Wiese, auf die die Tiere jederzeit gehen können. Wir durften die Hühner sogar streicheln. Ich habe weiße, braune und schwarze Hennen gesehen. Wusstest du eigentlich, dass es fast 200 verschiedene Hühnerrassen gibt?

Viele Grüße
deine Amelie

2. Verbinde jede Textkarte mit dem richtigen Bild.

A Ich bin sehr gut für Hühnerhalter mit wenig Erfahrung geeignet. Ich habe einen friedlichen Charakter und lege bis zu 170 Eier im Jahr. Mit meinem schwarzen Schwanz und Kopf bin ich außerdem ausgesprochen hübsch. •

• Appenzeller Spitzhaube

B Mich kann man an meiner kleinen Haube auf dem Kopf erkennen, die mir auch meinen Namen gibt. Mein Gefieder ist übersät mit schwarzen Tupfen. Ich stamme aus den Schweizer Alpen und brauche sehr viel Platz. •

• Brahma-Huhn

C Ich gehöre zu den größten Hühnern. Man erkennt mich aber auch an meinen besonderen Läufen. Denn ich habe sogar auf meinen Zehen Federn. Mich hält man vor allem wegen meines Fleisches. •

• Leghorn

D Ich lege besonders viele Eier – bis zu 200 Stück pro Jahr. Doch ich bin nicht nur ein toller Eierlieferant, sondern sehe auch noch schön aus. Ich habe ein schneeweißes Gefieder und einen tiefroten Kamm. •

• Vorwerkhuhn

Name:	Klasse:	Datum:

Hühnerrassen

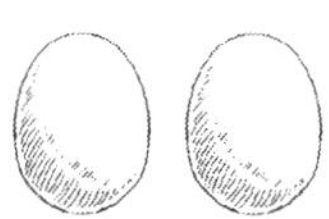

1. Lies die Texte.

Brahma-Huhn
Das Brahma-Huhn ist eines der größten Hühner. Man kann es besonders gut an seiner riesigen Gestalt und an seinen befiederten Läufen erkennen. Diese Rasse wird vor allem wegen ihres Fleisches gezüchtet.

Leghorn
Diese Rasse ist Meister im Eierlegen. Eine Henne schafft im Jahr bis zu 200 Eier! Die Leghorn-Hühner sind aber nicht nur wahre Legemaschinen, sondern mit ihrem weißen Gefieder und dem tiefroten Hautkamm auch noch sehr schön anzusehen.

Vorwerkhuhn
Vorwerkhühner sind sehr friedlich. Deshalb sind sie gut für angehende Hobbybauern geeignet. Doch nicht nur das. Tiere dieser Rasse nehmen außerdem schnell zu und legen bis zu 170 Eier pro Jahr. Mit ihrem goldgelben Gefieder und dem schwarzen Schwanz und Kopf sind die Hühner ausgesprochen hübsch.

Appenzeller Spitzhaube
Diese Rasse kommt aus den Schweizer Alpen. Die Hühner brauchen viel Auslauf, können gut fliegen und verbringen die Nacht am liebsten auf Bäumen. Ihr Markenzeichen ist die kleine Federhaube auf dem Kopf. Das Gefieder ist übersät mit schwarzen Tupfen.

2. Beantworte die Fragen in ganzen Sätzen.

A Welches Huhn eignet sich am besten für Anfänger und warum?

____

B Woher hat die Appenzeller Spitzhaube ihren Namen?

____

C Welche Rassen sind für einen Bauern geeignet, der viele Eier verkaufen will?

____

Name:	Klasse:	Datum:

Hühner im eigenen Garten

Immer mehr Menschen halten Hühner im eigenen Garten. Für sie ist es wichtig zu wissen, woher die Eier stammen, die sie essen. Man muss jedoch einiges beachten, wenn man selbst Hühner halten will.

1. Welche Aussagen sprechen für eine Hühnerhaltung? Male das Ei davor grün aus.

- Ich habe einen großen Balkon.
- Meine Hühner bekommen täglich frisches Futter und Wasser.
- Ich habe einen großen Garten.
- Um die Vögel vor Feinden zu schützen, lasse ich sie auch tagsüber nicht aus dem Stall.
- Bei uns können die Hühner auf der Wiese nach Würmern und Käfern scharren.
- Ich kann nur ein Huhn halten.
- Wir haben einen Hof mit Steinplatten.
- Mein Vater hat einen Stall gebaut. Dort finden die Hühner Schutz.
- In meinem Stall ist kein Platz für eine Hühnerleiter oder Sitzstangen.
- In meinem Gehege gibt es Büsche zum Verstecken.

2. Wie sieht ein Hühnerauslauf aus, in dem sich die Tiere wohlfühlen? Zeichne.

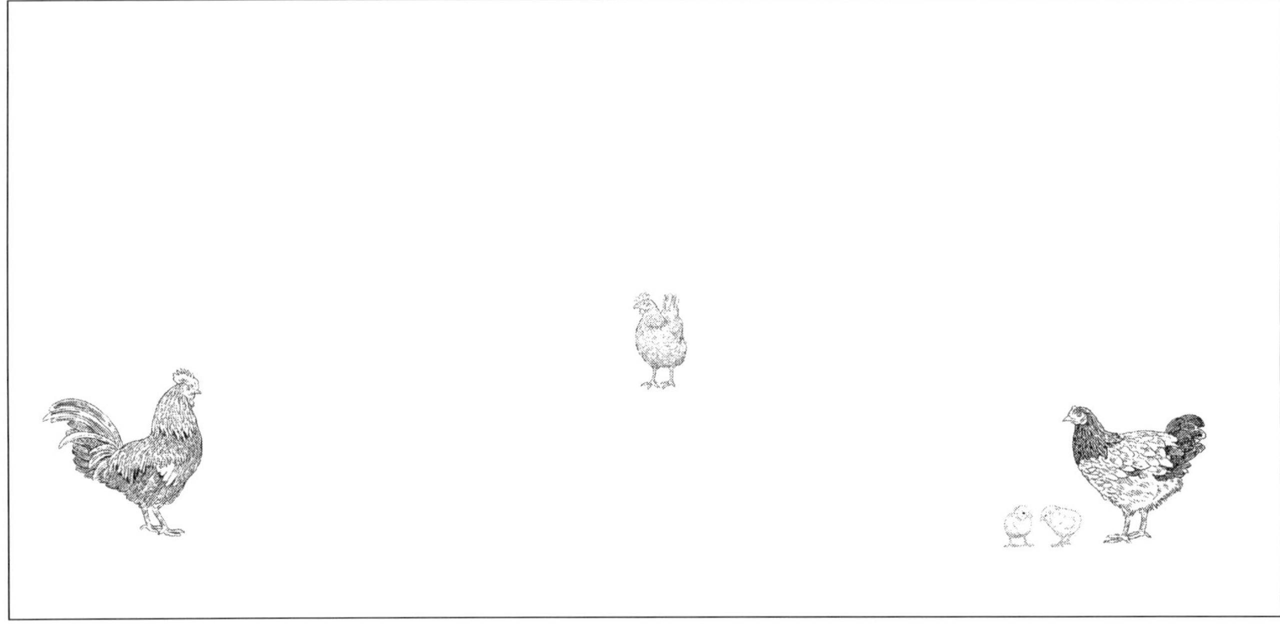

Name:	Klasse:	Datum:

Hühner im eigenen Garten

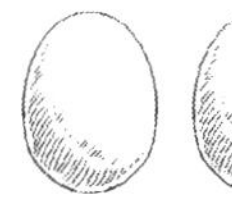

Immer mehr Menschen wollen Eier von eigenen Hühnern. Doch bevor Hühner in den Garten einziehen, müssen bestimmte Voraussetzungen erfüllt sein.

1. Trage die fehlenden Wörter in den Lückentext ein. Die Silben im Kasten helfen dir.

Aus	züch	Rei	den	Gar	ten	Hen
Fein	gung	fen	nen	Schla	Was	
ser	Trän	ten	ken	lauf	ni	

Hühner brauchen viel ____________. Je mehr Tiere gehalten werden sollen, desto größer muss der ____________ sein. Ein Zaun schützt die Hühner vor natürlichen ____________. Die Tiere brauchen außerdem einen Stall. Das kann auch ein Schuppen sein. Damit die Hühner einen erhöhten Platz zum ____________ haben, benötigen sie eine Sitzstange. Auf dem Stallboden sollte etwas Stroh ausliegen. Dort hinein können die ____________ ihre Eier legen. Es muss immer sauberes ____________ und frisches Futter angeboten werden. Nur wenn man Hühner ____________ will, braucht man einen Hahn. Alle zwei bis drei Tage sollten Futtertröge und ____________ sauber gemacht werden. Einmal im Monat steht eine gründliche ____________ des Stalls an.

2. Wie könntest du deine Eltern überzeugen, eigene Hühner zu halten? Schreibe drei Argumente auf.

A ______________________________

____

B ______________________________

____

C ______________________________

____

Name:	Klasse:	Datum:

Hühnerdomino

Schneide die Karten aus und lege sie passend aneinander.

START	Es gibt auf der Welt …	zehn bis fünfzehn Hennen.	Ein extra gezüchtetes Legehuhn kann im Jahr …
„1“ stammen aus Freilandhaltung.	Eine Henne brütet …	sechs Jahre alt.	ZIEL
200 Hühnerrassen bekannt.	Auf einem Hühnerhof leben oft ein Hahn und …	vierzig Gramm.	Nach zwei Wochen wiegt es …
zehnmal so viel.	Hühner werden etwa …	zwanzig Milliarden Haushühner.	Es sind fast …
250 bis 300 Eier legen.	Eier mit dem Aufdruck …	21 Tage lang.	Ein frisch geschlüpftes Küken wiegt etwa …

Name:	Klasse:	Datum:

Hühnerdomino

Schneide die Karten aus und lege sie passend aneinander.

START	Es gibt auf der Welt …	acht bis dreißig Zentimetern Nähe.	Auf einem Hühnerhof lebt ein Hahn oft mit …
21 Tage lang.	Die Schale eines Hühnereis lässt durch …	250 bis 300 Eier legen.	Ein Ei wiegt …
190 Hühnerrassen bekannt.	Am schärfsten sehen Hühner in …	zwanzig Milliarden Haushühner.	Das bedeutet, auf einen Menschen kommen …
vierzig Gramm.	Nach zwei Wochen wiegt es …	„0“ stammen aus ökologischer Haltung.	Eine Henne brütet …
fünfzig bis sechzig Gramm.	Eier mit dem Aufdruck …	sechs Jahre alt.	ZIEL
drei Hühner.	Es sind etwa …	10000 winzige Poren Luft an den Embryo.	Ein frisch geschlüpftes Küken wiegt etwa …
zehnmal so viel.	Hühner werden etwa …	zehn bis fünfzehn Hennen.	Ein extra gezüchtetes Legehuhn kann im Jahr …

Name:	Klasse:	Datum:

Ein Eierbecher aus Karton

Ein Eierkarton ist nicht nur praktisch für die Aufbewahrung. Man kann aus ihm auch tolle Eierbecher herstellen.

Bastle einen Eierbecher.

Du brauchst:

- einen Eierkarton
- eine Schere
- Tonpapier oder Moosgummi in Rot und weiteren Farben
- einen schwarzen Filzstift
- Klebstoff

So geht's:

1. Zerschneide den Eierkarton, sodass du eine Spitze und eine Kuhle hast. Die Spitze wird der Kopf des Huhns, die Kuhle das „Hinterteil".
2. Male mit dem Filzstift auf die Spitze die Augen des Huhns.
3. Schneide den Schnabel aus rotem Tonpapier oder Moosgummi aus. Klebe ihn vorne auf die Spitze.
4. Schneide aus demselben Material den Kamm aus. Unten in der Mitte lässt du einen kleinen Stiel stehen. Stecke diesen in die Spitze des Kartons.
5. Schneide aus Tonpapier oder Moosgummi Flügel und Schwanzfedern aus. Die Flügel befestigst du an den beiden Seiten der Spitze. Klebe die Schwanzfedern hinten an die Kuhle.

Name: | Klasse: | Datum:

Ein Eierbecher aus Karton

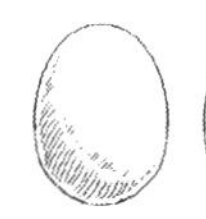

Ein Eierkarton ist nicht nur praktisch für die Aufbewahrung. Man kann aus ihm auch tolle Eierbecher herstellen.

1. Bastle einen Eierbecher.

Du brauchst:

- einen Eierkarton
- eine Schere
- Tonpapier oder Moosgummi in Rot und weiteren Farben
- einen schwarzen Filzstift
- Klebstoff

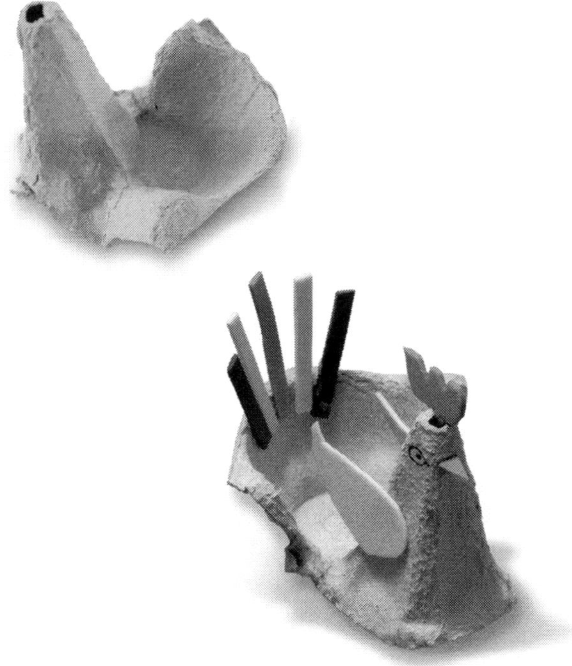

So geht's:

1. Zerschneide den Eierkarton, sodass du eine Spitze und eine Kuhle hast. Die Spitze wird der Kopf des Huhns, die Kuhle das „Hinterteil".
   Achtung: Wirf den Deckel des Kartons noch nicht weg!
2. Male mit dem Filzstift auf die Spitze die Augen des Huhns.
3. Schneide den Schnabel aus rotem Tonpapier oder Moosgummi aus. Klebe ihn vorne auf die Spitze.
4. Schneide aus demselben Material den Kamm aus. Unten in der Mitte lässt du einen kleinen Stiel stehen. Stecke diesen in die Spitze des Kartons.
5. Schneide aus Tonpapier oder Moosgummi Flügel und Schwanzfedern aus. Die Flügel befestigst du an den beiden Seiten der Spitze. Klebe die Schwanzfedern hinten an die Kuhle.

2. Schau dir die Angaben auf dem Deckel des Eierkartons genauer an. Der Buchstabe verrät dir, wie groß die enthaltenen Eier sind. Wie groß darf dein Ei nur sein, wenn es in deinen Eierbecher passen soll?

S = klein   M = mittel   L = groß   XL = sehr groß

Mein Eierbecher ist geeignet für Eier der Größe ____.

Name:	Klasse:	Datum:

Redensarten rund ums Huhn

1. Lies die Redensarten und ihre Erklärung. Welche Sätze zusammengehören, kannst du an der gleichen Körnerzahl erkennen.

Sie ist ein verrücktes Huhn.

Mit ihm muss ich noch ein Hühnchen rupfen. 

Er geht mit den Hühnern ins Bett. 

Danach kräht kein Hahn.

Da lachen ja die Hühner! 

Er ist der Hahn im Korb.

Kümmere dich nicht um ungelegte Eier. 

Die Kinder sitzen wie die Hühner auf der Stange. 

Er geht früh schlafen.

Er ist der einzige Mann, umgeben von Frauen. 

Sie sitzen dicht nebeneinander. 

Mach dir keine Gedanken über Dinge, die noch nicht anstehen. 

Das interessiert niemanden. 

Das ist ja lächerlich!

Mit ihm habe ich noch etwas zu klären. 

Sie hat verrückte Einfälle.

2. Spiel das Würfelspiel mit einem Partner. Ihr braucht zwei Würfel und zwei Buntstifte in verschiedenen Farben.

So geht's:

In diesem Spiel werden immer beide Würfel geworfen. Jeder von euch nimmt sich einen Buntstift.

Der Jüngere von euch fängt an. Er würfelt und addiert die Anzahl der Augen. Fallen zum Beispiel eine 2 und eine 3, ergibt das fünf. Er sucht die Redensart mit fünf Körnern und liest sie vor. Nun würfelt ihr immer abwechselnd, bis einer von euch wieder eine 5 würfelt. Derjenige, der den Treffer erzielt hat, verbindet die Redensart mit ihrer Erklärung. Dafür verwendet er seinen Buntstift.

Danach beginnt eine neue Runde. Der Verlierer der letzten Runde wirft die Würfel und sucht wieder die Redensart mit der passenden Körneranzahl. Wenn er eine zwei, elf oder zwölf würfelt oder die geworfene Zahl schon dran war, darf er noch mal würfeln.

Wer am Schluss die meisten Redensarten mit ihrer Erklärung verbinden konnte, hat gewonnen.

Name: | Klasse: | Datum:

Redensarten rund ums Huhn

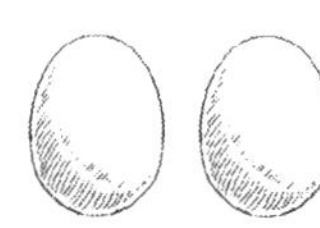

1. Ordne jeder Redensart eine Erklärung zu. Schreibe den vor der Erklärung stehenden Buchstaben in das Kästchen vor die Redensart.

☐ Da lachen ja die Hühner!

☐ Auch ein blindes Huhn findet mal ein Korn.

☐ Mit den Hühnern ins Bett gehen.

☐ Ein verrücktes Huhn.

☐ Wie die Hühner auf der Stange sitzen.

☐ Ein Hühnchen mit jemandem rupfen.

☐ Danach kräht kein Hahn.

☐ Der Hahn im Korb sein.

☐ Das sind ungelegte Eier.

N Dicht nebeneinander sitzen.

E Jemand, der verrückte Einfälle hat.

R Das ist ja lächerlich!

U Das interessiert niemanden.

W Ein klärendes Gespräch führen.

R Der einzige Mann sein, umgeben von Frauen.

G Früh schlafen gehen.

M Das sind Dinge, die noch nicht anstehen.

E Jemand, der unklug an etwas herangeht, kann auch mal Glück haben.

2. Die Buchstaben ergeben von oben nach unten gelesen ein Lösungswort. Schreibe es auf.

3. Welche der Redensarten hat in deinem Leben schon einmal eine Rolle gespielt? Schreibe einen Satz dazu auf.

____

____

Name:	Klasse:	Datum:

Hühnerrätsel

Kennst du dich mit Hühnern aus? Lies, was die Vögel sagen. Trage die passenden Wörter ein.

Mauser · Bankivahuhn · Nest · Hahn · Schnabel · Glucke · Habicht · Läufe

A Ich passe auf meine frisch geschlüpften Kinder auf.

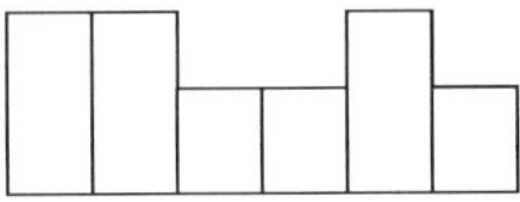

B Ich bin der Chef der Hühnerschar.

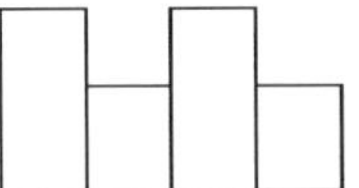

C So heißt unser wilder Vorfahre.

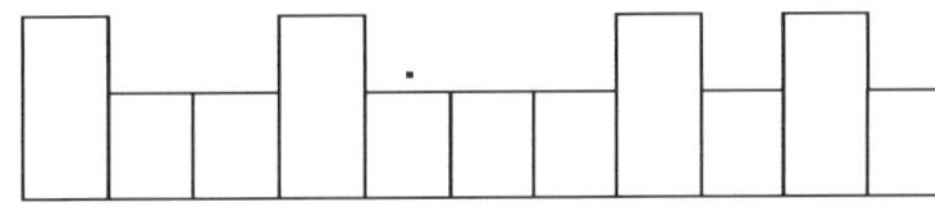

D So nennt man unsere Füße auch.

E Dort hinein legen wir die Eier.

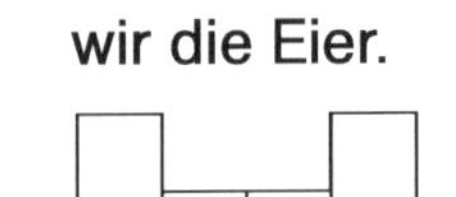

F So nennt man es, wenn wir unser Federkleid wechseln.

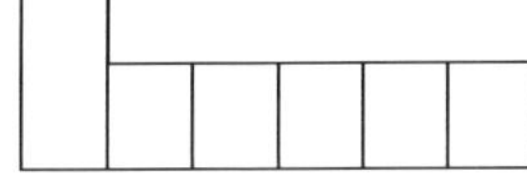

G Damit picken wir Körner auf.

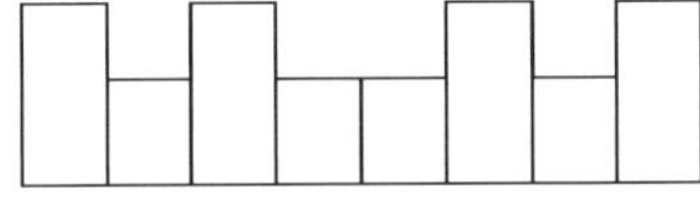

H Vor diesem Feind aus der Luft müssen wir uns in Acht nehmen.

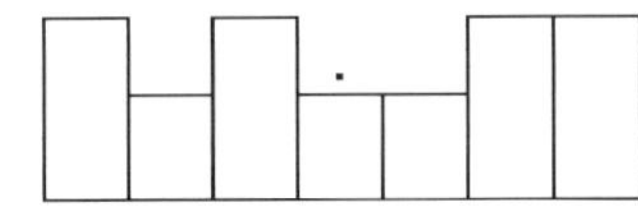

Name:	Klasse:	Datum:

Hühnerrätsel

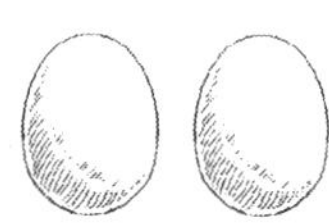

1. Kennst du dich mit Hühnern aus? Löse das Gitterrätsel.

1. Wie bezeichnet man Vögel, die gleich nach dem Schlüpfen laufen oder schwimmen können?
2. Eine Hühnergruppe nennt man auch …
3. So heißt das männliche Haushuhn.
4. Wie nennt man den Nachwuchs der Hühner?
5. Die Tiere wechseln einmal im Jahr ihr Federkleid. Sie sind dann in der …
6. Wie heißt der Greifvogel, der Hühnern gefährlich werden kann?
7. Das Gefieder besteht aus vielen kleinen …
8. Wie nennt man eine Henne, die Küken hat oder brütet?

2. Die grauen Felder ergeben von oben nach unten gelesen ein Lösungswort. Schreibe es auf und ergänze den Lösungssatz.

Um Körner aufzupicken, nutzen Hühner ihren  .

3. Welche Wörter fallen dir noch zum Huhn ein? Schreibe vier Begriffe auf.

Lösungskarten

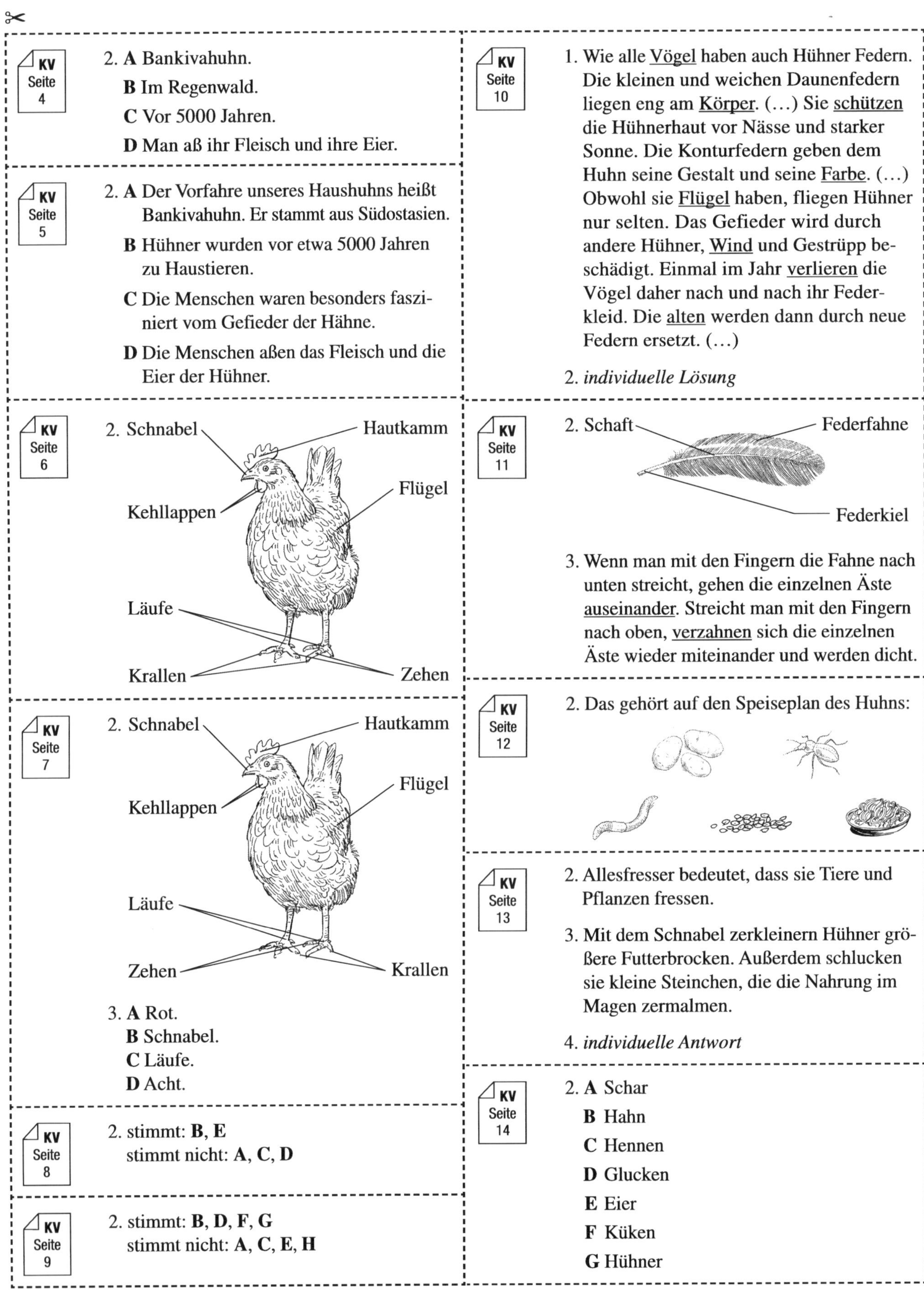

KV Seite 4

2. **A** Bankivahuhn.
   B Im Regenwald.
   C Vor 5000 Jahren.
   D Man aß ihr Fleisch und ihre Eier.

KV Seite 5

2. **A** Der Vorfahre unseres Haushuhns heißt Bankivahuhn. Er stammt aus Südostasien.
   B Hühner wurden vor etwa 5000 Jahren zu Haustieren.
   C Die Menschen waren besonders fasziniert vom Gefieder der Hähne.
   D Die Menschen aßen das Fleisch und die Eier der Hühner.

KV Seite 6

2.

KV Seite 7

2.

3. **A** Rot.
   B Schnabel.
   C Läufe.
   D Acht.

KV Seite 8

2. stimmt: **B, E**
   stimmt nicht: **A, C, D**

KV Seite 9

2. stimmt: **B, D, F, G**
   stimmt nicht: **A, C, E, H**

KV Seite 10

1. Wie alle Vögel haben auch Hühner Federn. Die kleinen und weichen Daunenfedern liegen eng am Körper. (…) Sie schützen die Hühnerhaut vor Nässe und starker Sonne. Die Konturfedern geben dem Huhn seine Gestalt und seine Farbe. (…) Obwohl sie Flügel haben, fliegen Hühner nur selten. Das Gefieder wird durch andere Hühner, Wind und Gestrüpp beschädigt. Einmal im Jahr verlieren die Vögel daher nach und nach ihr Federkleid. Die alten werden dann durch neue Federn ersetzt. (…)
2. *individuelle Lösung*

KV Seite 11

2.

3. Wenn man mit den Fingern die Fahne nach unten streicht, gehen die einzelnen Äste auseinander. Streicht man mit den Fingern nach oben, verzahnen sich die einzelnen Äste wieder miteinander und werden dicht.

KV Seite 12

2. Das gehört auf den Speiseplan des Huhns:

KV Seite 13

2. Allesfresser bedeutet, dass sie Tiere und Pflanzen fressen.
3. Mit dem Schnabel zerkleinern Hühner größere Futterbrocken. Außerdem schlucken sie kleine Steinchen, die die Nahrung im Magen zermalmen.
4. *individuelle Antwort*

KV Seite 14

2. **A** Schar
   B Hahn
   C Hennen
   D Glucken
   E Eier
   F Küken
   G Hühner

KV Seite 15

2. **A** Hühner sieht man selten allein.
   B Zu einer Hühnergruppe gehören meist ein Hahn und mehrere Hennen.
   C Eine Gruppe von Hühnern nennt man auch Schar.
   D Hennen bezeichnet man als Glucken, wenn sie brüten oder schon kleine Küken haben.
   E Das Gefieder der Hähne ist viel farbenprächtiger als das der weiblichen Tiere.
3. *individuelle Antwort:* z. B. Wenn es mehrere Hähne gibt, streiten sie sich um die Hennen.
4. *individuelle Antwort:* z. B. Löwe (Mähne), Amsel (Gefiederfarbe), Rotwild/Hirsch (Geweih)

KV Seite 16

3. *Lösungswort:* SCHUTZ

2. Ein Hahn erfüllt ~~kaum~~ | viele wichtige Aufgaben in einer Hühnerschar. Er bewacht die ~~Menschen~~ | Hennen vor Feinden. Dafür stößt der Hahn einen ganz bestimmten Warnruf | ~~Lockruf~~ aus. Außerdem begattet | ~~beißt~~ er die Hennen und sorgt so für den Nachwuchs. Das Männchen hilft den anderen Hühnern bei der Futtersuche und überlässt ihnen die besten | ~~schlechtesten~~ Bissen. Gibt es einmal Streit zwischen zwei Hennen, greift der Hahn ein und stiftet ~~Unruhe~~ | Frieden. Mit seinem durchdringenden Ruf will der Hahn andere Männchen fernhalten | ~~anlocken~~.
3. *individuelle Antwort:* z. B. Der Hahn hilft, die Schar zu beschützen. Das ist von Vorteil, wenn rund um das Hühnergehege häufig Feinde der Vögel unterwegs sind. Hat man Nachbarn, die keinen Lärm mögen, ist es eher hinderlich, einen Hahn im Garten zu halten.

2.

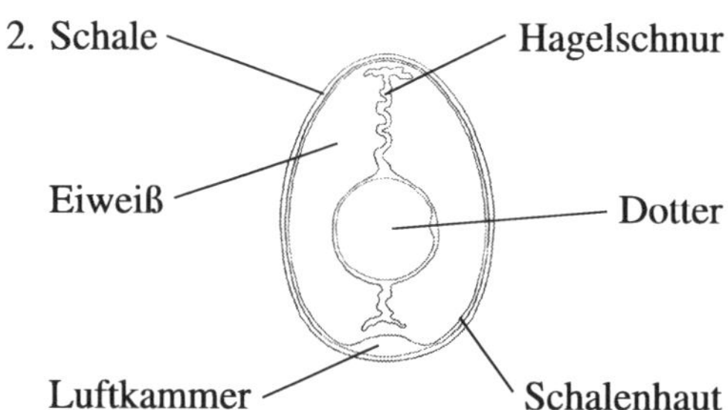

3. *individuelle Lösung*

2.

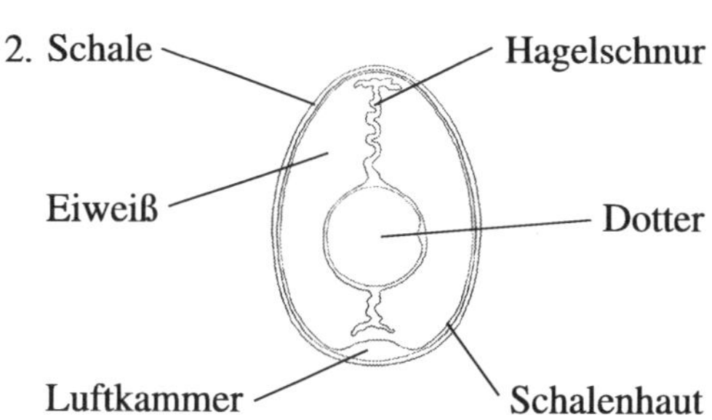

3. *individuelle Antwort:* z. B. Das frische Ei liegt am Boden des Glases. Das ältere Ei steht senkrecht oder schwimmt oben.

Befruchtung
Henne und Hahn paaren sich. Danach legt die Henne das befruchtete Ei in ein Nest oder eine Erdmulde.

Tag 1
Hat die Henne mehrere Eier gelegt, beginnt sie zu brüten.

Tag 2
Im Ei beginnt das winzige Herz zu schlagen.

Tag 10
Jetzt sieht das Wesen im Ei bereits wie ein Vogel aus. Es hat zwei Beine, zwei Flügel und einen Schnabel.

Tag 20
Mit dem Eizahn, einer kleinen Erhebung auf der Schnabeloberseite, pickt das Küken kleine Löcher in die Schale. Eine Art Deckel entsteht.

Tag 21
Durch Piepsen verständigen sich die Küken untereinander. Erst wenn alle bereit sind, heben sie ihren Schalendeckel ab und schlüpfen.

Lösungskarten

KV Seite 21

2. **A** Die Henne legt ihre Eier am liebsten in ein Nest oder eine Erdmulde.

   B Nach zehn Tagen kann man Beine, Flügel und Schnabel erkennen.

   C Das Huhn hackt mit dem Eizahn ein Loch in die Schale.

   D Es dauert drei Wochen, bis ein Küken schlüpft.

KV Seite 22

2. Nestflüchter:

   Wir können von Anfang an selbst unser Futter suchen.

   Wir verlassen wenige Stunden nach dem Schlüpfen das Nest.

   Wir können bereits kurz nach dem Schlüpfen laufen und fliegen.

   Nesthocker:

   Wir müssen das Fliegen erst lernen.

   Wir bleiben etwa zwei Wochen im Nest.

   Wir werden mehrere Wochen von unseren Eltern gefüttert.

KV Seite 23

2. Nestflüchter: **C**, **D**, **F**, **H**

   Nesthocker: **A**, **B**, **E**, **G**

3. *individuelle Antwort:* z. B. Der Mensch ähnelt den Nesthockern, denn Kinder sind am Anfang ganz hilflos und müssen viele Jahre lang von ihren Eltern versorgt werden.

KV Seite 24

Ich bin klein, flink und kann ausgezeichnet klettern. In den Stall oder das Gehege gelange ich schon durch kleine Löcher. Trotz meiner geringen Größe kann ich ein Huhn mit einem gezielten Biss töten.

Kleine herumflatternde Küken wecken meinen Jagdtrieb. Dann schleiche ich mich an, mache einen großen Satz und packe die winzigen Vögel. Oft spiele ich noch mit meiner Beute, bevor ich sie fresse.

Mit meinem rötlichen Fell bin ich sehr auffällig. Ich jage besonders gerne Hühner und auch kleinere Tiere. Um ins Gehege zu gelangen, buddele ich ein Loch unter dem Zaun, durch das ich hindurchschlüpfen kann.

Ich greife aus der Luft an. Zuerst beobachte ich meine Beute. Dann stürze ich mich auf sie herab und packe sie mit meinen kräftigen Krallen. Dabei mache ich auch vor ausgewachsenen Hühnern nicht halt.

KV Seite 25

2. Name: Marder
   Um diese Zeit jage ich: nachts
   So greife ich an: Ich springe von Bäumen ins Gehege und töte die Hühner mit einem Biss in den Hals.

   Name: Katze
   Um diese Zeit jage ich: tagsüber, nachts
   So greife ich an: Ich schleiche mich an, mache einen großen Satz und packe meine Beute.

   Name: Fuchs
   Um diese Zeit jage ich: nachts
   So greife ich an: Ich grabe ein Loch, um ins Gehege zu gelangen, und schnappe mir dann meine Beute.

   Name: Habicht
   Um diese Zeit jage ich: tagsüber
   So greife ich an: Ich stürze mich aus der Luft auf meine Beute und packe sie mit meinen Krallen.

KV Seite 26

2.

KV Seite 27

2. Die Hühner einer Schar kämpfen um den besten RANG.

KV Seite 28

1. **C**
2. „Wusstest du, dass Hähne ein sehr gutes Zeitgefühl haben und immer nur zur vollen Stunde krähen?“ Diese Behauptung stimmt nicht. Hähne krähen zu ganz unterschiedlichen Tageszeiten, unabhängig vom Sonnenstand.

   „Mit ihrem Ruf wollen sie dem Hühnerbesitzer zeigen, wann es Zeit für die nächste Fütterung ist.“ Diese Aussage ist falsch. Hähne krähen, um mit ihrem Ruf andere Hähne zu verjagen.

KV Seite 29

1. **C**
2. „Wusstest du, dass Hähne ein sehr gutes Zeitgefühl haben und immer nur zur vollen Stunde krähen?“ Diese Behauptung stimmt nicht. Hähne krähen zu ganz unterschiedlichen Tageszeiten, unabhängig vom Sonnenstand.

   „Mit ihrem Ruf signalisieren sie dem Hühnerbesitzer, wann es Zeit für die nächste Fütterung ist.“ Diese Aussage ist ebenfalls falsch. Hähne krähen, um mit ihrem Ruf andere Männchen von ihrer Hühnerschar fernzuhalten.

KV Seite 30

1. 1C, 2A, 3B
2. Die Buchstaben, die hinter der Haltungsform stehen, zeigen an, aus welchem Land das Ei stammt. DE steht für Deutschland.

   Die lange Zahl hinter den Buchstaben bezeichnet den Betrieb. Mithilfe dieser Nummer kannst du herausfinden, wo genau das Huhn gehalten wird.

KV Seite 31

2.

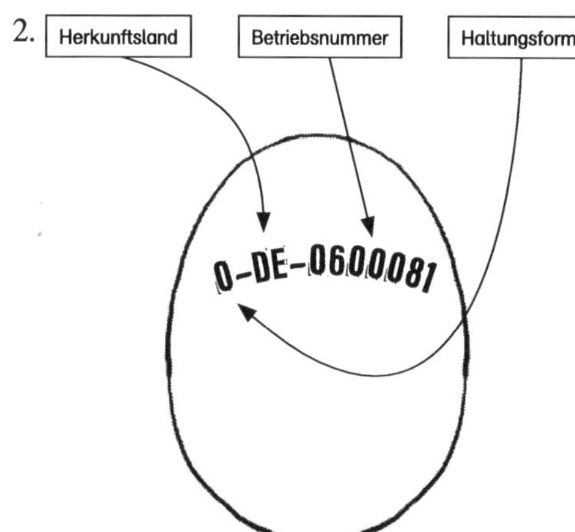

3. Haltungsform: ökologische Haltung
   Herkunftsland: Deutschland
4. *individuelle Antwort*

KV Seite 32

2. **A** = Vorwerkhuhn

   B = Appenzeller Spitzhaube

   C = Brahma-Huhn

   D = Leghorn

KV Seite 33

2. **A** Das Vorwerkhuhn eignet sich sehr gut für Anfänger, denn es hat einen friedlichen Charakter.

   B Die Appenzeller Spitzhaube heißt so, weil sie eine kleine Federhaube auf dem Kopf trägt und aus der Schweiz stammt.

   C Die Rassen Leghorn und Vorwerk sind gut geeignet für jemanden, der viele Eier verkaufen will. Eine Henne legt zwischen 170 und 200 Eier im Jahr.

KV Seite 34

1. Aussagen, die für eine eigene Hühnerhaltung sprechen:

   Meine Hühner bekommen täglich frisches Futter und Wasser.

   Ich habe einen großen Garten.

   Bei uns können die Hühner auf der Wiese nach Würmern und Käfern scharren.

   Mein Vater hat einen Stall gebaut. Dort finden die Hühner Schutz.

   In meinem Gehege gibt es Büsche zum Verstecken.
2. *individuelle Lösung*

Lösungskarten

KV Seite 35

1. Hühner brauchen viel Auslauf. Je mehr Tiere gehalten werden sollen, desto größer muss der Garten sein. Ein Zaun schützt die Hühner vor natürlichen Feinden. (…) Damit die Hühner einen erhöhten Platz zum Schlafen haben, benötigen sie eine Sitzstange. (…) Dort hinein können die Hennen ihre Eier legen. Es muss immer sauberes Wasser und frisches Futter angeboten werden. Nur wenn man Hühner züchten will, braucht man einen Hahn. Alle zwei bis drei Tage sollten Futtertröge und Tränken sauber gemacht werden. Einmal im Monat steht eine gründliche Reinigung des Stalls an.

2. *individuelle Antwort:* z. B.
   A Ich kümmere mich täglich um die Tiere.
   B Wir haben jeden Tag frische Eier.
   C Wir können Gemüsereste an die Hühner verfüttern.

KV Seite 36

START | Es gibt auf der Welt zwanzig Milliarden Haushühner. | Es sind fast 200 Hühnerrassen bekannt. | Auf einem Hühnerhof leben oft ein Hahn und zehn bis fünfzehn Hennen. | Ein extra gezüchtetes Legehuhn kann im Jahr 250 bis 300 Eier legen. | Eier mit dem Aufdruck „1“ stammen aus Freilandhaltung. | Eine Henne brütet 21 Tage lang. | Ein frisch geschlüpftes Küken wiegt etwa vierzig Gramm. | Nach zwei Wochen wiegt es zehnmal so viel. | Hühner werden etwa sechs Jahre alt. | ZIEL

KV Seite 37

START | Es gibt auf der Welt zwanzig Milliarden Haushühner. | Das bedeutet, auf einen Menschen kommen drei Hühner. | Es sind etwa 190 Hühnerrassen bekannt. | Am schärfsten sehen Hühner in acht bis dreißig Zentimetern Nähe. | Auf einem Hühnerhof lebt ein Hahn oft mit zehn bis fünfzehn Hennen. | Ein extra gezüchtetes Legehuhn kann im Jahr 250 bis 300 Eier legen. | Ein Ei wiegt fünfzig bis sechzig Gramm. | Eier mit dem Aufdruck „0“ stammen aus ökologischer Haltung. | Eine Henne brütet 21 Tage lang. | Die Schale eines Hühnereis lässt durch 10 000 winzige Poren Luft an den Embryo. | Ein frisch geschlüpftes Küken wiegt etwa vierzig Gramm. | Nach zwei Wochen wiegt es zehnmal so viel. | Hühner werden etwa sechs Jahre alt. | ZIEL

KV Seite 38

individuelle Lösung

KV Seite 39

1. und 2. *individuelle Lösung*

KV Seite 40

1. Die Lösung ergibt sich aus der Anzahl der Körner.

KV Seite 41

1. **R** Da lachen ja die Hühner!
   E Auch ein blindes Huhn findet mal ein Korn.
   G Mit den Hühnern ins Bett gehen.
   E Ein verrücktes Huhn.
   N Wie die Hühner auf der Stange sitzen.
   W Ein Hühnchen mit jemandem rupfen.
   U Danach kräht kein Hahn.
   R Der Hahn im Korb sein.
   M Das sind ungelegte Eier.

2. REGENWURM

3. *individuelle Antwort*

KV Seite 42

A Glucke
B Hahn
C Bankivahuhn
D Läufe
E Nest
F Mauser
G Schnabel
H Habicht

KV Seite 43

1.

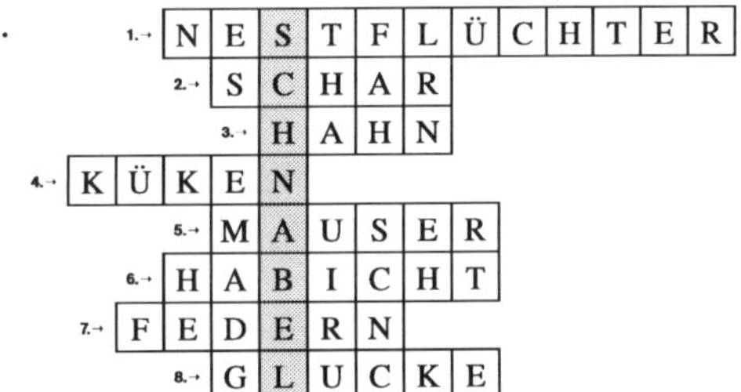

2. Um Körner aufzupicken, nutzen Hühner ihren SCHNABEL.

3. *individuelle Antwort:* z. B. Läufe, brüten, Hackordnung, Allesfresser